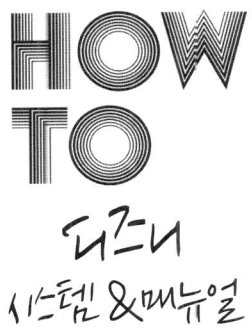

글·그림 **오스미 리키**
옮김 **손나영**

경영아카이브

등장인물소개

아키야마 토오루

「경영 시스템 개선부」 부장. 디즈니랜드 출신으로 사야카와 함께 「디즈니 메소드」에 따라 사내 개혁에 몰두한다. 첫인상은 무섭지만 부하의 생각을 존중하는 따뜻한 면이 있다.

이토 사야카

패밀리 레스토랑 「Forest's」의 부점장. 입사 이래 계속 점포에서 근무하다 신설된 「경영 시스템 개선부」로 보직 이동 되었다. 밝은 성격이나 덜렁대며 자주 시무룩해한다.

모리 세이지

「Forest's」의 2대 사장. 창업자 모리 소이치로의 아들. 경영자로서 월트 디즈니를 존경한다.

다케다 다이스케

「Forest's」 세이부 역 니시구치점 점장. 사야카의 동기로 디즈니식 시스템 도입에 '현장을 모르고 하는 소리'라며 반발한다.

들어가며

　이 책은 〈디즈니의 최강 매뉴얼〉이란 책을 좀 더 알기 쉽도록 간화로 풀어 쓴 책입니다.

　이 만화의 배경은 패밀리 레스토랑입니다. 한 패밀리 레스토랑의 부점장인 이토 사야카는 어느 날 갑자기 본사의 신설 부서인 「경영 시스템 개선부서」로 보직 이동을 하게 됩니다. 그리고 그녀에게 **'가격경쟁 탈피'**, **'서비스 품질의 평준화와 효율화'**, **'고객 응대의 질적 강화'**라는 세 가지 미션이 주어집니다. 그녀는 디즈니랜드 출신의 상사인 아키야마 토오루와 함께 디즈니식 시스템과 매뉴얼을 점포에 도입해, 매장이 안고 있는 문제점들을 개선해 나갑니다. 이후, 매장은 생각지도 못한 놀라운 변화를 맞이하게 된다는 이야기입니다.

　'시스템과 매뉴얼로 효율을 높인다'라고 하면 틀에 박힌 서비스나 효율만을 중시하는 무미건조한 조작이 연상될 수도 있습니다만, 그것은 큰 오해입니다. 실제 디즈니랜드의 직원들은 이 시스템에 따라 일하며 고객들에게 최고의 서비스를 제공함과 동시에 자주적으로 생각하고 행동하며 활기차게 일하고 있습니다.

디즈니식 시스템과 매뉴얼을 당신의 직장에 도입하게 된다면 다음과 같은 변화가 일어날 것입니다.

- 업무가 효율화되어 팀 전체의 생산성이 높아진다.
- 신입 사원이나 업무가 서투른 직원의 능력이 향상되며, 업무 수행 능력에 변화를 줄 수 있다.
- 팀이나 부서, 회사 전체 커뮤니케이션이 활발해지며, 조직이 활성화된다.
- 구성원 전원이 '본인 업무의 의미'와 '회사가 존재하는 의미'를 이해하고, 신나게 일하게 된다.

그리고 이 디즈니식 시스템은 접객업이나 서비스업은 물론, 고객과의 접점이 없는 간접 부문이나 오피스 워크가 중심인 회사 등, 어떤 직장이라도 적용이 가능합니다. 게다가 이 시스템은 큰 조직뿐만 아니라, 부서, 과, 팀, 점포 등 규모가 작은 조직에도 유용합니다.

만화는 패밀리 레스토랑을 배경으로 전개되지만, 각 장의 해설 부분에는 독자 여러분의 직장에 디즈니식 시스템을 도입하기 위한 방법들이 적혀 있습니다.

저는 1990년부터 20년간 도쿄 디즈니랜드를 운영하는 오리엔탈랜드에서 근무하는 동안, 현장부터 경영의 중추에 이르기까지 여러 부서를 거쳤습니다. 그리고 디즈니에 오래 몸담고 있다 보니 디즈니식 시스템과 매뉴얼이 매우 훌륭하다는 것을 알게 되었고, 그 뛰어난 시스템을 다른 기업에도 알리고 싶어 2009년에 독립하였습니다. 그 후, 지금까지 150개 이상의 기업에서 강사나 컨설턴트로서 디즈니식 연수를 제공하거나, 디즈니식 시스템 도입을 지원하고 있습니다.

  이 책에서는 그 경험을 토대로 디즈니랜드의 창시자인 월트 디즈니가 구축한 시스템을 소개한 후, 그가 디즈니식 시스템을 만들었던 방법과 정착시킨 방법을 만화와 함께 설명하고자 합니다.

  참고로, 이 책에서 소개하는 노하우는 굳이 전부 도입할 필요 없이, 본인의 직장 특성에 맞춰 일부를 도입하기만 해도 효과를 크게 느끼실 수 있을 것입니다. 이 책을 통해 당신의 팀이나 조직이 이전보다 더 나은 방향으로 발전한다면 그보다 기쁘고 보람된 것은 없을 것입니다.

오스미 리키

차 례

Prologue | **들어가며**

팀을 바꾸는 디즈니의 최강 메뉴얼 ─────── 9

STEP 1 | **디즈니식 매뉴얼로 팀 능력을 높여라** ─────── 19

1-1 디즈니 매뉴얼은 팀 기능 향상을 위해 만들어졌다 ― 35
1-2 누가 실행하더라도 같은 결과를 얻을 수 있는 디즈니 매뉴얼'
     ― 38
1-3 작동하지 않는 매뉴얼의 공통점은? ― 42

STEP 2

디즈니식 시스템을 자신의 직장에 도입하자 ─── 49

2-1 디즈니식 시스템은 모든 직종, 회사에 도움이 된다 ─ 65

2-2 신입 사원을 서포트하여 업무 능력을 향상시키는 시스템 ─ 68

2-3 디즈니식 매뉴얼을 만들어보자 ─ 76

STEP 3

시스템을 정착시키기 위한 디즈니식 교육 ─── 81

3-1 브라더 시스템이란? ─ 102

3-2 교육의 성과는 커뮤니케이션에 달려 있다 ─ 108

디즈니식 시스템은 활기찬 직장을 만든다 ─── 115

4-1 디즈니 직원들이 신나게 일하는 비법은? ─ 136
4-2 당신의 직장에 "고맙습니다"라는 말을 유도하는 시스템을
　　 도입하기 위해서는? ─ 142

디즈니의 철학을 늘 상기시킴으로써
최고의 직원을 만들어내는 디즈니의 시스템 ─── 145

1-1 시스템으로 조직을 활성화하는 디즈니의 방법이란? ─ 166
1-2 크로스 커뮤니케이션이란? ─ 169
1-3 이념과 창업자에 대해 연구한다 ─ 173
1-3 크로스 커뮤니케이션을 직장에 도입하기 위해서는? ─ 178

디즈니의 시스템은 기적을 일으킨다 ─ 182

맺음말

나는 중형 패밀리 레스토랑 「Forest's」의 한 점포에서 부점장으로 일하고 있다.

어서 오세요—

그러던 어느 날 갑자기 본사에서 연락이 왔다.

설마… 승진 이야기??

나름 기대에 부풀어 약속 1시간 전에 본사에 도착—

사야카 씨, 늦었군. 약속 시간은 9시였는데…

이미 늦었으니 어쩔 수 없지. 들어가 봐요.

깜짝

…했다고 생각했더니 약속 시간을 착각해서 1시간이나 지각을 한 나는…

네?

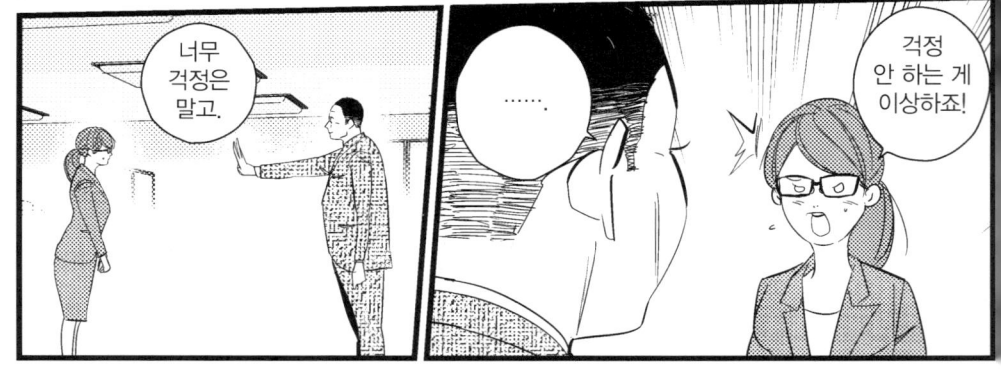

Step

1

디즈니식 매뉴얼로
팀 능력을 높여라

Step 1-1 디즈니 매뉴얼은 팀 기능 향상을 위해 만들어졌다

★ 일반적인 매뉴얼과 디즈니 매뉴얼의 차이점은?

세상에는 다양한 기업이 있습니다. 그리고 어느 회사에나 매뉴얼과 시스템, 규칙은 존재할 겁니다. 그렇다면 일반 기업과 디즈니의 매뉴얼, 시스템은 어떻게 다를까요?

둘의 가장 큰 차이는 매뉴얼이 개인을 위해 만들어진 것인지, 그렇지 않은 것인지라는 점입니다.

일반적인 매뉴얼은 개인의 능력을 끌어올리기 위해 만들어져 있습니다. 한편, **디즈니의 매뉴얼은 팀 전체의 기능을 끌어올리기 위해 만들어져 있습니다.** 원래 월트 디즈니는 애니메이션 제작을 위해 팀을 꾸려서 일을 한 경험이 많은 사람입니다. 그가 디즈니랜드를 개장한 시기는 그의 나이 50대 중반이 지났을 무렵이지요. 그때까지 월트 디즈니는 스튜디오 스태프의 파업을 비롯해 경영자로서 힘든 경험을 수차례 극복했습니다.

그러한 경험을 바탕으로, 월트 디즈니는 조직의 질서가 무너질 때, 팀이 제

기능을 하지 못하는 원인을 세 가지로 정의했습니다. 이 세 가지 원인만 제거한다면 조직은 제 기능을 하게 되고, 설령 그 중에 업무능력이 떨어지는 조직원이 있다 하더라도 팀 전체가 지속적으로 평균 이상의 결과를 낸다는 사실을 알게 될 것이죠.

그 세 가지 원인이 바로 **'스트레인저', '디스리가드', '마인드리스'** 입니다.

★ 팀 기능을 저하시키는 세 가지

첫 번째 '스트레인저'는 자신이 맡은 역할이 무엇인지 모르는 사람입니다. 스트레인저는 해야 할 일을 제대로 이해하지 못했기 때문에 업무 진행을 할 수 없으며 그 결과, 의욕과 자신감이 떨어집니다. 그로 인해 주변에도 악영향을 끼치게 됩니다.

월트 디즈니는 **그들이 일할 생각이나 협력할 마음이 없는 것이 아니라, 해야 할 일이 무엇인지 모를 뿐**이라고 생각했습니다. 그래서 해야 할 업무와 그 절차를 상세하게 매뉴얼로 작성하여 스트레인저를 바꿔 놓았습니다.

두 번째, '디스리가드'는 '경시하다'라는 뜻 그대로 **정해진 규칙을 업신여기거나 대강하는 사람이며, 그로 인해 일의 결과에 균열이 발생하게 됩니다.**

예를 들어, 청소를 하다 '귀찮아', '언뜻 봐서는 모르니까'라는 개인의 판단으로 중간 과정을 생략하게 되면 견고히 지켜왔던 규칙이 변질돼 버립니다.

세 번째, '마인드리스'는 '왜 이 서비스를 해야 하는지', '왜 이 절차가 필요한지'를 모르고 그저 기계처럼 움직이는 상태를 말합니다. **익숙함에 따른 사고의 정지라고도 할 수 있습니다.** 본인은 자기 할 일을 제대로 수행하고 있다고 생각하지만, 본질을 외면한 채 매너리즘에 빠져 대충하고 마는 것이죠.

"이러한 조직원을 내치는 것이 아니라, 심플하고 명확한 매뉴얼을 만들어서 조직원을 바꾼다. 그러면 개인의 능력에 좌우되지 않고, 팀은 지속적인 결과를 낼 수 있다."

이것이 월트 디즈니가 정의 내린 매뉴얼의 본질입니다.

Step 1-2 누가 실행하더라도 같은 결과를 얻을 수 있는 디즈니 매뉴얼

★ 퍼레이드를 박수로 맞이하는 연출에는
   의외의 이유가 숨겨져 있다

　디즈니의 직원들은 특별한 사람들이 아니라 극히 평범한 사람들입니다. 디즈니랜드에서는 그런 평범한 사람들 모두가 자신이 맡은 것 이상의 역할을 해냅니다. 그것이 가능한 이유는 시스템과 매뉴얼의 힘입니다. 잠시 이해를 돕기 위해 키워드 하나를 소개하겠습니다.

　"Greeting with clapping"이란 말이 있습니다. 직역을 하면, "박수로 맞이합시다"라는 뜻이죠.

　디즈니랜드를 방문하신 적이 있다면 아마 한 번쯤 들어보셨을 겁니다. 그렇다면, 이 말은 언제 쓰일까요? 정답은 퍼레이드 직전입니다. 직원들은 길가에 모여든 손님을 향해, "Greeting with clapping!"이라고 외칩니다. 그러면 손님들은 '드디어 시작하는구나!' 하고 기대를 하게 되죠. 직원들의 박수 소리에 맞춰 모두가 박수를 치고 퍼레이드가 가까이

다가올수록 분위기는 고조됩니다.

여기까지 읽으면, "손뼛과 함께 분위기를 띄우다니, 역시 이거 디즈니식 교류 방식이지!" 하고 생각하실 수 있겠지만 반은 맞고 반은 틀렸습니다. 사실 이것은 손님들의 안전을 위해 만들어진 것으로 **퍼레이드가 진행될 때에는 반드시 〈Greeting with clapping〉을 행하도록 매뉴얼에 실려 있습니다.**

디즈니랜드에서는 퍼레이드를 시작하기 전에 안전을 위해 길에 구경을 할 수 있는 곳과 그렇지 않은 곳을 사전에 나눠 놓고, 제일 앞쪽에는 로프를 설치합니다. 직원들은 손님들에게 양해를 구하며 준비를 진행하죠.

그런데 디즈니랜드가 개장한 뒤, 어린 아이들이 맨 앞줄의 로프에 매달려 다치는 사고가 빈번히 발생했습니다. 게다가 뒷줄에 있던 손님들이 너나 할 것 없이 앞으로 몰려들어 앞줄에 있던 손님들이 넘어지는 사고도 있었습니다. 이렇게 되면 손님들의 안전을 확보하기가 어렵습니다.

이런 사고를 방지하기 위해, "줄에 매달리지 마세요!", "밀지 마세요!"라고 외치는 건 쉽지만, 아무리 주의를 줘도 따르지 않는 사람이 있게 마련입니다. 그리고 그런 사람이 한 명이라도 나타나면 순식간에 질서가 엉망이 되죠.

또한, 이 방법은 **직원들의 목소리 크기가 다 다르므로, 사람에 따라 결과가 달라집니다.** 게다가 말에 따르지 않는 사람에게 주의를 줄 직원을 몇 명 더 배치해야 하므로 효율도 떨어집니다.

무엇보다 꿈과 마법의 왕국인 디즈니랜드에서 이런 말을 듣게 된다면 어떤 느낌이 들까요? 아마 꿈에서 깨어버린 듯한 느낌을 받을 겁니다. 그래서 디즈니랜드의 현장에서 일하는 직원들은 아이디어를 냈습니다. 그것이 바로 '손님들의 손을 못 쓰게 하면 되잖아!'였죠.

★ 누가 하더라도 같은 결과를 얻는 것이 중요

퍼레이드 때 사고가 발생하는 원인의 대부분은 손에서 비롯된 것이었습니다. 로프에 매달린다, 앞사람을 민다, 앞으로 파고 든다, 넘어지지 않으려고 앞사람을 잡아당긴다, 등등…. 그렇다면 '손님들이 손을 쓸 수 없도록 하면 되겠지!'라는 발상에서 〈Greeting with clapping〉가 나왔습니다.

"여러분! 곧 퍼레이드가 시작됩니다! 그럼 박수로 맞이해볼까요?" 이 말을 듣고 불쾌한 기분이 드는 손님은 없을 것이고, 만일 직원의 목소리를 듣지 못했다고 해도 주위의 박수 소리에 맞춰 박수를 치게 됩니다.

박수를 치는 동안은 손으로 다른 사람을 밀 수도 없으며 다른 사람과 적당한 거리를 유지하게 되죠. 또한 직원의 목소리는 손님과 함께 분위기를 띄우려는 행동으로 인식되고, 직원 스스로도 그런 생각으로 큰 소리로 호응을 유도합니다. 그러나 이 행동의 궁극적인 목적은 사고 방지입니다. **이 방법이라면 일을 시작한 지 얼마 되지 않은 신입 사원도, 목소리가 작은 직원도 본래의 목적을 알든 모르든, 적은 인원으로 손님의 안전을 확보할 수 있게 됩니다.**

그러므로 〈Greeting with clapping〉은 누가 하더라도 같은 결과를 얻을 수 있다는 디즈니식 매뉴얼을 응축해놓은 키워드라고 할 수 있습니다.

Step 1-3 작동하지 않는 매뉴얼의 공통점은?

★ 매뉴얼이 작동하지 않는 원인은 두 가지

지금까지 월트 디즈니가 매뉴얼을 어떻게 생각하는지에 대해 설명했습니다. 그러나 그것을 이해하기만 해서는 팀의 '기능'을 높일 수 없습니다. 즉, 원인을 제거하기 위한 매뉴얼 개선이 필요한 것이죠. 자세한 것은 Step 2에서 설명하겠지만, 그 전에 팀의 기능을 저하시키는 '작동하지 않는 매뉴얼'의 공통점을 알아보겠습니다.

'작동하지 않는 매뉴얼'의 공통점은 크게 두 가지입니다. 하나는 **'무엇을 언제 해야 하는지 명확하지 않은 것'**, 다른 하나는 **'순서, 결과의 기준이 애매한 것'**입니다. 만화에 나왔던 패밀리 레스토랑의 매뉴얼에도 이 두 가지 문제점이 포함되어 있었던 것은 아닐까요?

그럼 하나씩 살펴보도록 하겠습니다.

★ '무엇을', '언제' 해야 하는지 명확하지 않다

만일 당신이 초등학생 때 방학 숙제를 미루고 미루다 마지막 날 몰아서 하는 타입이었다면 그것은 선생님의 지시 방식이 잘못되었기 때문입니다. 저 역시도 방학 중엔 너무나도 즐거운 일이 많아서 언제, 어디서부터 숙제에 손을 대야 할지 난감했습니다. 그리고 어른이 되어 디즈니랜드에서 일을 시작한 후 매뉴얼을 봤을 때, 이것을 초등학생 때 봤었더라면 방학 숙제를 개학 직전까지 미루지 않았을 텐데…라는 생각을 했습니다.

왜냐하면 디즈니의 매뉴얼에는 **'이것'과 '이것'을 '언제'하라고 명시되어 있었기 때문입니다.** 방학 숙제 이야기는 제 변명입니다만, 개학식 전까지 해야 한다는 말만 듣고 어떻게 해야 할지 몰라 어리둥절한 사람도, 순서와 시간이 규범화되어 있다면 저절로 하게 됩니다.

이것은 비즈니스 세계에서도 마찬가지입니다.

가령, 당신이 경리부서의 담당자라고 합시다. 그런데 당신은 매달 다른 사원들이 경비 정산을 늦게 올리는 탓에 다른 일에도 지장을 받습니다. '익월 5일까지 지난달 경비 정산을 마쳐야 한다'라는 규칙은 있지만 몇 번을 말해도 그 규칙을 지키지 않는 사람이 꼭 있습니다.

이런 상황이 발생하는 것은 기한만 정해져 있을 뿐, '언제' 할 것인지는 정해져 있지 않기 때문입니다.

예를 들어, '매월 4일 17시~18시 사이에 정산을 한다', '만일 해당 시간이 불가능할 경우에는 상사에게 보고를 한 후, 3일 17시~18시에 정산을 한다' 라고 정해놓으면, "내일 하지, 뭐"라며 미루다 기한을 넘기는 일은 발생하지 않을 겁니다.

게다가 이렇게 하면 해야 할 시간과 날짜가 미리 정해져 있고, 전 사원이 같은 시간에 하게 되므로 "바빠서", "시간이 없어서"라는 변명도 할 수 없게 됩니다.

이것이 회사의 관습으로 자리 잡게 되면 경비 정산을 늦게 하는 사람은 크게 줄 것입니다.

★ '순서', '결과'의 기준이 애매하다

만화에서도 나왔지만 실생활에서도 음식점 화장실에 '청소 확인표'가 붙어 있는 것을 볼 수 있습니다.

그러나 위의 경비 정산 케이스와는 달리 이번 경우는 '한 시간마다 청소를 한다'라는 규칙이 있고, 체크 표에도 항목이 있으므로 청소를 하는 것은 분명한데 좀처럼 깨끗하지가 않습니다. 이런 상황이 발생하는 것도 역시 매뉴얼의 문제입니다.

이런 점으로 골머리를 앓는 음식점 화장실 청소 매뉴얼은 아마 다음과 같을 것입니다.

[세면대 청소 (나쁜 예)]

1. 세면대 주변에 떨어진 쓰레기를 쓰레기통에 넣는다

2. 수도꼭지를 전체적으로 닦는다

3. 거울을 닦는다

4. 휴지를 보충한다

이 매뉴얼의 문제는 무엇인가? 바로 '순서'와 '마무리'가 명확하지 않다는 것입니다.

'세면대를 깨끗하게'라고 했을 때 개개인이 느끼는 깨끗함의 정도는 다릅니다. 눈에 보이는 더러운 것만 치우면 된다고 생각하는 사람이 있는 반면, 물 한 방울 튀지 않은 상태가 깨끗하다고 생각하는 사람도 있습니다.

점장은 완벽하게 청소를 해놓기를 바라지만, 수도꼭지에 물때가 끼어있어도, "닦아봤자 또 더러워 질 텐데…" 하며 넘어가는 사람도 있고, 거울에 자기 모습이 비치기만 하면 된다고 생각해 아예 닦지 않는 사람도 있을 수 있습니다. 게다가 이 매뉴얼에는 어떻게 작업을 진행해야 하는지에 대해서도 명확하게 나와 있지 않습니다.

즉, '깨끗이 하자', '청소를 합시다'라는 말로는 무엇을 해야 하는지가 확실하지 않으니 원하는 성과가 나오지 않을 겁니다.

이런 문제를 해결하기 위해서는, 「이상적인 결과」부터 거꾸로 생각해서 필요한 작업들을 분석하고, 순서를 정해야 합니다. 그렇게 하면 누가 하더라도 비슷한 수준의 결과를 얻을 수 있습니다.

예를 들어, 세면대 주변을 반짝반짝하게 닦고 싶으면 다음과 같은 매뉴얼을 작성해야 합니다. 이 매뉴얼은 지시사항이 명확하기 때문에 쓰여 있는 순서대로 진행한다면 어느 누구든 반드시 점장이 원하는 결과를 낼 수 있습니다.

[세면대 청소 (좋은 예)]

1. 세면대 주변에 떨어진 쓰레기를 쓰레기통에 넣는다.

2. 세제와 스펀지로 세면대 안쪽을 닦는다.

3. 걸레를 들어 흐르지 않을 정도로 짜서
   반쪽 면으로 세면대 안쪽을 구석구석 닦는다.

4. 물기를 꼭 짠 걸레의 나머지 부분으로
   세면대 바깥쪽을 구석구석 닦는다.

5. 마른 걸레의 반쪽 면으로
   세면대에 남은 물기를 닦는다.

6. 나머지 부분으로 거울과 수도꼭지의
   물방울과 물때를 닦는다.

7. 남은 휴지가 1/3 이하라면 남아있어도 보충한다.

Step 1
정리

◆ 매뉴얼은 개인의 능력이 아닌 팀 전체의 능력을 끌어올리는 것이다.

◆ 팀 능력이 저하되는 세 가지 원인은 '스트레인저', '디스리가드', '마인드리스'이다.

◆ 디즈니의 매뉴얼은 '누가 하더라도 같은 결과를 내도록' 구성되어 있다.

◆ 매뉴얼이 작동하지 않는 원인 ❶
'무엇을', '언제' 해야 하는지가 명확하지 않다.

◆ 매뉴얼이 작동하지 않는 원인 ❷
'순서', '결과의 기준'이 애매하다.

◆ 제대로 작동하는 매뉴얼을 만들기 위해서는 '언제' 작업을 수행할지 명확히 밝히고, '이상적인 결과'부터 역산하여 작업을 분석하고 순서를 짠다.

Step
2

디즈니식 시스템을
자신의 직장에 도입하자

무엇을 해야 할지를 모르니 업무 진행이 안 되지.
그래서 의욕도 안 나고 자기가 제대로 하고 있는지에 대한 자신감마저 없어.
그뿐만 아니라 주위에 악영향을 미치게 돼.
오늘 손님이 없네요.
어제 개그콘서트 봤어요?
어…? 응, 봤지.
웃다가 배꼽 빠지는 줄 알았어.
하지만 …
!
저 둘은 일할 생각이나 협력할 생각이 없는 게 아니라,
지금 무엇을 해야 할지를 모를 뿐이야.
디즈니는 이런 소중한 인재를 낭비하지 않기 위해,
매뉴얼을 철저하게 작성하지.

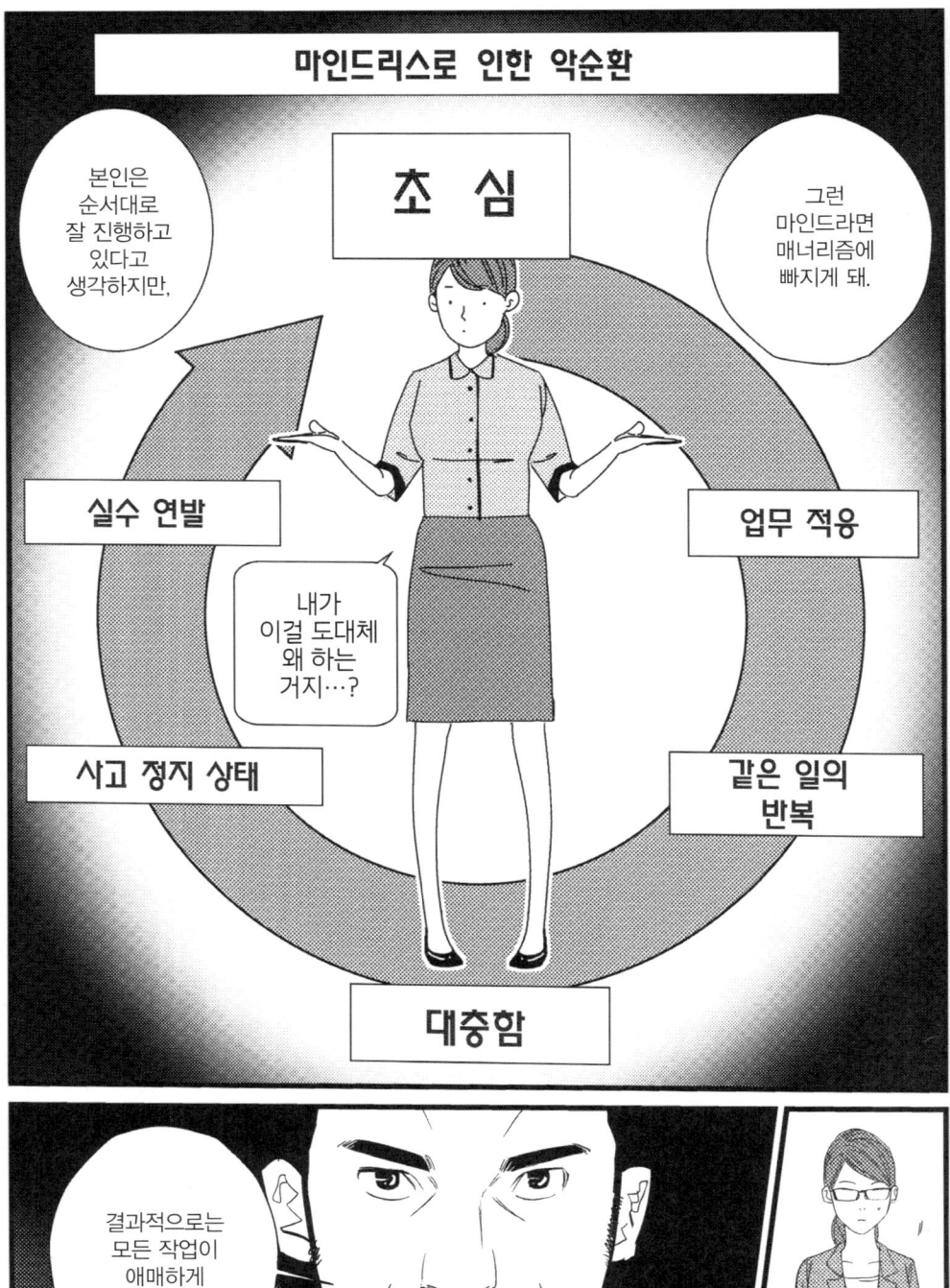

Step 2-1 디즈니식 시스템은 모든 직종, 회사에 도움이 된다

★ 디즈니식 매뉴얼이 적용되지 않는 기업은 없다

"저희는 서비스업이 아니라 매뉴얼은 필요 없어요.", "영업직 중심이라 매뉴얼에 얽매이는 것도 좀…….", "저희랑은 상관없는 이야기인 것 같네요……." 매뉴얼이라고 하면 '틀에 박힌 것'이라는 부정적인 이미지가 있습니다. 그러나 그 기저에는, '매뉴얼을 만들어 규범화하면 번거로워진다', '직원의 창의력을 제한한다'라는 오해가 깔려있습니다. 실은 '매뉴얼을 만들면 모든 것이 간단'해질 뿐인데 말이죠.

디즈니의 매뉴얼은 **본래의 업무(영업직이라면 영업활동)를 제한하는 것이 아니라, 업무 작업(영업직이라면 보고서 작성이나 경비 정산)에서 발생할 수 있는 개인차를 없애서, 본래의 업무에 모든 힘을 쏟도록 하기 위한 것입니다.**

어떤 직장에든 업무 작업과 연락, 보고, 상담, 회의 준비와 같은 필요한 '작업'이 있습니다. 잘 짜인 매뉴얼은 이것들을 효율화하여 업무의 질을 높일 수 있습니다.

예를 들어, '문제가 발생하면 누구에게 상담을 할 것인가', '손님께 감사인사나 연락을 언제 드릴 것인가' 등등······.

한 마디로 말해서, "우리끼리 규칙을 정하자!"라는 겁니다.

매뉴얼을 만들어서 규범화하면 작업을 할 때 헤매지 않게 되어 생산성과 효율성이 올라갑니다. 만일, 어떤 직종, 어떤 회사에서든지 몇 명이 팀을 짜서 업무를 한다면 매뉴얼은 팀의 능력을 향상시키는 데 도움이 될 것입니다.

★ 매뉴얼은 모든 구성원을 활용하게 한다

매뉴얼을 모든 구성원이 준수하면 어떤 일이 발생할까요? 조직론에서 말하는 '2.6.2의 법칙'을 타파할 수 있습니다. '2.6.2의 법칙'이란 생산적이고 적극적인 상위 20% 그룹이 조직을 이끌고, 중간의 60%는 평균적인 집단, 하위 20%에는 실적, 생산성 모두 저조하고 적극적으로 행동하지 않는 구성원이 모여 있다고 여기는 이론입니다. 그런데 상위 20%였던 구성원을 모아 새로운 조직을 만들면 다시 그 안에서도 인재의 분포가 2:6:2로 나뉜다고 합니다.

사실, 월트 디즈니도 같은 문제에 직면한 적이 있습니다. 그래서 그가 고안한 것이 **매뉴얼을 활용하여 하위 20%를 관리함으로써 전 직원, 즉 100%의**

구성원을 활용하는 것이었습니다.

누구든 최소한의 '필요 업무'를 문제없이 수행할 수 있는 환경을 만들 것.

특정 개인의 힘에 의존하는 것이 아니라, 멤버 전체의 평균치를 끌어올릴 것.

이 두 가지를 실현함으로써 팀의 능력을 비약적으로 높일 수 있었습니다.

Step 2-2 신입 사원을 서포트하여 업무 능력을 향상시키는 시스템

★ '무엇을 해야 할지 모르는' 상황을 제거한다

그럼 디즈니의 현장에서 사용되는 매뉴얼 중, '스트레인저'인 신입 사원을 바꿔놓는 매뉴얼을 소개하겠습니다.

디즈니랜드에는 청소와 손님 안내를 맡는 '커스터디얼(Custodial)'이 있습니다. 여기에 배치를 받은 사람은 3일째부터 홀로서기를 하게 됩니다.

걱정이 될 법도 하지만 '내선 전화'라는 존재 덕분에 문제없습니다. 디즈니랜드에는 직원이 곤경에 처했을 때 쓰는 전용 다이얼이 있어서, '모르는 것이 있을 때에는 손님께 잠시 기다려달라고 양해를 구하고, 반드시 이 번호로 전화할 것'이라는 매뉴얼이 있습니다. 그렇기 때문에 일을 시작한 지 3일밖에 되지 않는 직원이라도 홀로서기가 가능한 것입니다.

예를 들어, 신입 커스터디얼이 손님으로부터, "도쿄행 버스 막차가 몇 시에 있습니까?"라는 질문을 받았다고 가정합시다. 이 질문은 경험이 풍부한 직원이 아니라면 바로 대답하기 힘들 겁니다. 이럴 때 신입 커스터디얼은, "잠

시만 기다려 주십시오!"라고 손님께 말한 후, 전용 다이얼로 연락을 합니다. 그러면 전담 오퍼레이터가 버스 시각을 조사하여 알려줍니다. 여기서 중요한 포인트는 **직원이 패닉에 빠질 법한 상황에 대해서도 철저하게 시스템이 갖춰져 있다는 점입니다.** 게다가, '기다려달라고 한 후', '연락을 한다'라는 간단한 절차만 거치면 됩니다. 곤란할 때는 연락할 것, 모르는 것을 대답하지 말 것. 이 두 가지만 확실하게 지키면 되기에 직원도 안심할 수 있습니다.

이 시스템의 목적은 **'신입 사원이 엉터리 대응을 하는 것을 방지', '패닉에 빠져서 업무 진행이 불가능한 상황을 방지'** 입니다.

신입 사원 교육 시, "잘 듣고 한 번에 외워!", "메모를 하고 모르는 게 있으면 찾아봐!"라는 경우를 종종 보는데 이것은 잘못된 것입니다. 이러한 교육이 '스트레인저'나 '디스리가드'를 야기하게 되는 것이죠.

사람마다 일을 배우는 속도가 다릅니다. 그러므로 직속 상사나 선배가 아니더라도, 모르는 것이 있으면 반복해서 물어봐도 괜찮다는 믿음을 신입 사원이 가질 수 있도록 환경과 규칙을 마련하기만 해도 '신입 사원이 일을 하지 않는다'라는 문제를 해결할 수 있으며 업무 능력도 향상시킬 수 있습니다.

★ 개인 능력에 좌우되지 않는 일관된 결과를 얻는다

이번엔 '토사물 처리'에 대한 매뉴얼을 소개하겠습니다. 이 매뉴얼에도 '스트레인저'와 '디스리가드'를 없애는 비법이 숨어있습니다.

커스터디얼이 당황하는 대표적인 업무 중 하나가 토사물 처리입니다.

디즈니랜드에서 토사물을 목격한 사람은 많이 없을 것 같지만, 사실 '빅 선더 마운틴'이나 '스페이스 마운틴' 같은 롤러코스터 계열의 놀이 기구 주변은 토사물 다발 지대로 지정되어 있습니다. 그럼에도 불구하고 토사물이 우리 눈에 잘 띄지 않는 것은 커스터디얼의 신속한 대응 덕분입니다. 그러나 이제 막 배치된 신입 커스터디얼에게 이 업무는 무척 곤혹스럽습니다.

하지만 꿈과 마법의 왕국에 퀴퀴한 냄새가 떠다니게 되면 쇼를 망치는 지름길이겠지요. 그렇기 때문에 '토사물 처리'에는 엄격하면서도 간결한 매뉴얼이 존재합니다. 매뉴얼에 실린 처리 순서는 다음과 같습니다.

[토사물 처리 매뉴얼]

1. (토사물을 발견하면) 휴지로 덮는다
2. (응고 효과가 있는) 약품을 뿌린다
3. 기다린다
4. 휴지 채로 쓸어 쓰레받기에 담는다
5. 토사물이 있던 장소에 (냄새 제거와 소독 효과가 있는) 약품을 뿌린다
6. 쓰레받기를 가지고 지정된 장소에서 폐기한다

 이 여섯 가지 항목의 목적은 '토사물을 손님 눈에 띄지 않게 하는 것'입니다. 따라서 발견하자마자 '휴지로 덮는 것'이죠. 그리고 단 한 번도 허리를 굽히지 않고 아무 일도 없었다는 듯이 업무를 수행합니다. 그래서 손님들이 이 상황을 눈치채지 못하는 것입니다.
 디즈니 매뉴얼의 **특징은 작업을 할 때 무엇이 가장 중요한지, 무엇이 목적인지, 우선 순위를 고심하여 만들었다는 점입니다.** 그렇기 때문에 현장의 아르바이트 직원은 숨겨진 의미까지는 이해하지 못하더라도 우선 순위를 틀리지는 않습니다.

★ 디즈니랜드 레스토랑의 매뉴얼

　마지막으로 소개해드릴 것은 레스토랑의 매뉴얼입니다.

　디즈니랜드 내의 레스토랑은 손님이 늘 끊이지 않습니다. 그중에서도 테이블 서비스를 제공하는 레스토랑의 특징은 역할 분담이 확실하게 되어 있다는 점입니다.

　홀에서 손님을 맞이하는 '웰컴'의 역할은 손님을 가게 안으로 안내하거나, 웨이팅 시간을 알려주는 것입니다. 그리고 '가이드'는 손님을 자리로 안내하고, 메뉴를 건네주고, '오더'는 주문을 받고 그것을 주방에 전달합니다. 완성된 음식을 손님께 내는 역할은 '러너'이며, '부스맨'은 다 먹은 식기를 치우고, '캐셔'는 계산을 담당하죠. 이렇듯 포지션이 여섯 가지로 나뉘어 있습니다.

　어째서 이렇게까지 업무를 분산시켜 포지션을 6개나 만든 것일까요?

　이것 또한 디즈니 매뉴얼의 특징인 '무엇이 중요하고, 무엇을 우선으로 해야 할지'를 고려해서 생긴 것입니다.

　늘 붐비는 놀이동산 내의 레스토랑에서 가장 중요한 것은 '손님에게 재빨리 식사를 제공하는 것'입니다. 그러기 위해서는 우선, 각 직원들이 현재 무엇을 하고 있는지, 어떤 손님이 어떤 상태인지를 파악해야 합니다. 이때 직원 한 명이 여러 업무를 맡게 되면 아무래도 주문을 잘못 받거나, 음식을 잘못 내가거나, 혹은 손님을 방치할 우려가 있습니다. 그렇기 때문에 업무를 분산하여 역할을 6개로 나눈 것입니다. 그리고 이렇게 하면 '스트레인저'와 '디스리가드'도 사라지게 됩니다.

게다가 이 매뉴얼은 또 하나의 중요한 역할이 있습니다. 바로 **'마인드리스(업무의 본질을 도르는 사람)'를 일깨운다는 것이죠.** 디즈니랜드에서 손님들께 감동적인 서비스를 제공할 수 있는 까닭은 바로 이 매뉴얼이 제대로 작동하기 때문입니다.

★ 맡은 업무를 철저히 수행하면 감동적인 서비스로 이어진다

지금까지 보셨듯, 디즈니랜드의 매뉴얼은 심플하면서도 업무 순서와 내용이 명확하여 한번 몸에 익으면 저절로 업무 수행이 가능하게끔 고안되었습니다.

'그게 바로 마인드리스 아냐?'라는 생각을 하시는 분도 계시겠지요. 그러나 매뉴얼대로 업무가 순순히 진행되면 현장에는 어떤 변화가 생깁니다. 이것이야말로 월트 디즈니가 직원들을 매뉴얼로 관리하는 진짜 이유입니다.

그 변화란, 직원들에게 **본래의 업무를 달성하고자 하는 의욕이 생긴다는 것입니다.**

매뉴얼에 따라 업무를 진행하면 직원들의 마음에 여유가 생깁니다. 그렇다고 누구 하나 업무를 소홀히 하지 않는 것은 월트 디즈니 때부터 이어져오는 'Mission'이 직원들 가슴 속에 새겨져 있기 때문입니다.

자세한 것은 Step 5에서 다루겠지만, 그 미션이란 바로 'Give Happiness'입니다.

디즈니랜드의 존재 의의는 'Give happiness', 즉 행복을 선사하는 것에 있습니다.

디즈니랜드의 직원들은 사원이든, 아르바이트생이든 모두가 이 흔들림 없는 원점을 숙지하고 가슴에 품고 있습니다. 따라서 매뉴얼에 쓰여 있는 업무에 그치지 않고 스스로 할 수 있는 일을 찾아 나서는 것이죠.

그런데 놀랍게도 이 미션을 수행하기 위한 방법이 나와 있는 매뉴얼은 찾아 볼 수 없습니다. 눈앞의 손님에게 'Give Happiness'를 선사하기 위해서는 어떻게 하면 좋을까에 대해 **직원들은 스스로 생각하고 행동으로 옮깁니다.**

디즈니랜드에 있는 레스토랑에서 벌어진 에피소드를 예로 들어보겠습니다.

젊은 부부가 레스토랑을 방문하였습니다. 2인용 테이블로 안내를 받은 그 부부는 어린이 런치 메뉴를 주문하였습니다. 어린이 런치 메뉴는 어린이가 아니면 제공할 수가 없게 되어 있기 때문에, 곤란해진 직원은 그 부부에게 까닭을 물었습니다. 그러자 그 부부는 그날이 죽은 딸의 생일이라고 대답했습니다. 직원은 그 대답을 듣고 부부를 4인용 테이블로 다시 안내하였고, 어린이용 의자도 놓았습니다. 그리고 어린이 런치를 제공했다는 이야기입니다.

이 이야기를 '전부 꾸며낸 것'이라고 생각하신 분도 적지 않겠지요. 그러나 이 이야기는 다소 부풀어지긴 했어도, 실화입니다.

사실 이 에피소드는 제가 디즈니랜드에서 일할 때 실제로 있었던 일입니다. 종례 때 그 부부를 맡았던 가이드 직원은, "어떻게 그런 대응을 할 수가 있었던 거지?"라는 질문을 받았고, 그녀는 "제 원래 업무는 웨이트리스가 아니라 'Give Happiness'니까요."라고 대답했습니다. 이러한 마음가짐으로부터 매뉴얼을 뛰어넘는 대응이 자연스럽게 나오는 것입니다.

이렇듯 업무 수행이 원활하도록 도와주는 매뉴얼 덕에 직원들은 마음의 여유가 생기고, 활기차게 일할 수 있습니다. 그리고 그런 **여유가 있기에 미션을 수행할 기회가 생기는 것입니다.**

디즈니식 매뉴얼을 만들어보자

★ 디즈니식 매뉴얼을 만들기 위한 5가지 포인트

　디즈니식 매뉴얼을 만들기 위해 필요한 포인트를 다섯 가지로 추려보았습니다.

1. 모든 시작은 본질로부터

　매뉴얼 작성을 하기에 앞서, "이 작업은 무엇을 위해 필요한가?"라는 것을 작업의 본질, 목적과 대조해봅시다. 왜 이것을 모든 팀원들이 숙지해야 하는가, 어떤 결과가 발생할 것인가, 이 출발점을 확실히 짚고 넘어가지 않은 채 매뉴얼을 만들게 되면 의도가 불분명하고 애매모호한 매뉴얼밖에 나오지 않습니다. 중요한 것은 이 매뉴얼을 만드는 의미와 본질을 명확히 파악해야 한다는 것입니다.

2. 작업을 낱낱이 나누고 내용을 정리하여 필요한 항목만 기록한다

다음으로는 작업을 분석하여 매뉴얼에 실을 내용을 기록하는 것입니다. 단, 욕심내지 말고, 최소한으로 줄여야 합니다. 10개 항목 미만이 이상적입니다. 항목을 10개, 20개 이상 나열하게 되면, 절대 외울 수가 없습니다. 누구든 외울 수 있고, 누가 하든 결과가 크게 달라지지 않도록 만드는 것이 이상적입니다.

3. 업무의 절차, 순서를 명기한다

매뉴얼이 읽는 사람의 주의를 끌 수 있다면 훨씬 효과적입니다. 예를 들어, 디즈니의 재난 대응 매뉴얼에는 지진과 같은 자연재해가 발생했을 경우, 현장의 직원들이 취해야 할 대응이 다음과 같이 딱 네 가지로만 나와 있습니다.

[자연재해 발생 시 매뉴얼]

1. 눈을 가린다   2. 다리를 묶는다
3. 손을 묶는다   4. 입을 닫는다

이 자극적인 말들에는 각각 이런 의미가 있습니다. '눈을 가리는 것'은 직원이 손님들에게 큰 소리로 "이곳은 안전합니다!"라고 알리는 것입니다. 그러면 직원에게 이목이 쏠리게 되어 손님들이 잘못된 정보에 현혹되는 것을 막을 수 있습니다.

'다리를 묶는다'는 것은 직원을 주목하고 있는 손님들을 자리에 앉히는 것입니다. 공황 상태가 되어 뛰쳐나가는 손님이 있으면 그 불안이 전염되어 위험한 상황으로 이어지기 때문입니다.

'손을 묶는다'는 앉아 있는 손님들에게 캐릭터 인형이나 쿠션을 지급합니다. 그러면 손님들에게 안도감을 줌과 동시에 손에 물건을 들게 하여 혼란한 상황을 야기하는 원인인 손을 쓸 수가 없게 됩니다.

마지막으로 '입을 막는다'는 것은 먹을 것을 제공하여 손님들이 냉정함을 되찾도록 유도하는 것입니다. 참고로, 2011년 동일본 대지진 때는 이 매뉴얼이 완벽하게 작동되어 수만 명의 손님을 무사히 안전한 장소로 피난시킬 수 있었습니다.

4. 도입했을 때 정말 효과가 있는지를 확인한다

내용과 절차를 순서대로 나열하기만 해서는 매뉴얼이 완성되지 않습니다. 실제로 도입해서 정말 업무 효율이 올라갔는지를 확인해야 합니다. 매뉴얼이 도입된 후, 이전보다 작업을 하는 데 시간이 걸린다면 어딘가 문제가 있다는 것입니다. 완성도를 높이기 위해서는 일단 매뉴얼을 시험 운용을 해보고 현장 상황에 적합한지 확인하는 단계를 꼭 거쳐야 합니다.

5. 체크 리스트를 준비한다

매뉴얼의 절차대로 업무를 진행했는지 현장 직원들이 일을 하며 확인할 수 있는 체크 리스트를 둡니다. 이 체크 리스트라는 것은 직원들이 매뉴얼을 제대로 기억하고 있는지 확인하는 간단한 테스트라고 할 수 있습니다. 매뉴얼의 문장 일부를 공란으로 만들거나 여러 방법을 써봅시다. 단, 이 체크 리스트는 점수를 매기는 것이 목적이 아니라, 매뉴얼 내용을 재확인하고, 본질을 깨닫게 하는 것이 목적이란 것을 잊어서는 안 됩니다.

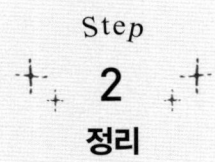

Step 2
정리

★ 매뉴얼은 본래 업무를 제한하는 것이 아니라, 작업상의 개인차를 없앰으로써 업무 효율을 높이는 것이다.

★ 매뉴얼을 팀 전체가 숙지하면 모든 직원을 활용할 수 있게 된다.

★ '잘 듣고 한 번에 외우라'는 방식의 교육은 '스트레인저'와 '디스리가드'를 야기한다.

★ 매뉴얼을 만들 때에는 무엇이 가장 중요한지, 우선 순위를 고려해야 한다.

★ 매뉴얼 덕에 생긴 여유가 '디즈니식 손님과의 교류'의 원천이다.

Step
3

시스템을 정착시키기 위한 디즈니식 교육

Step 3. 시스템을 정착시키기 위한 디즈니식 교육

패밀리 레스토랑 「Forest's」에 신설된 경영 시스템 개선부

부장 아키야마 토오루는 이렇게 말했다.

가게는 하나의 팀입니다.

전 직원이 한마음, 한뜻이 되어 팀의 기능을 향상시키기 위해,

우리는 최강의 디즈니 매뉴얼을 작성했다!

그리고 그것을 Forest's 세이부역 니시구치점에 바로 도입해 보았다.

마음을 졸이며… 직원들이 열정적으로 업무를 수행하는 모습을…

하루 이틀 만에,

인간이 그리 쉽게 변하겠어?

그래도 공들여 만든 매뉴얼이 전혀 힘을 못 쓰잖아.

이래서야 최강 매뉴얼도 무용지물일 뿐이야.

기대치만 잔뜩 올려놓고 실망스러운 결과가 나오지 않게 해줘.

너희가 맡겨 달라고 했잖아.

난 따를 뿐이야.

그래, 두고 보지.

어떻게든 해주마! 물론 부장님이!

비장의 방법을 알려줄 테니까…

거긴 사야카 너한테 맡긴다!

나도 다른 점포를 둘러보느라 바빠.

……

비장의 방법이요?

으…

생각보다 얇네요.

이 사이즈가 먹기 좋은 평균 사이즈야.

하다 보면 30초에 1인분 정도는 썰 수 있게 될 거야.

30초요? 힘들 것 같은데…

인마, 해보지도 않고….

참고로, 선배 분들께는 미리 말씀드릴 것이 있어요.

그건 바로…

후배의 의욕을,

부추기지 말라는 것!

Step 3-1 브라더 시스템이란?

★ 선배 직원이 신입 직원을 맨투맨으로 교육한다

'구슬이 서 말이라도 꿰어야 보배'라고 아무리 뛰어난 매뉴얼을 만들었다 해도 직원들 사이에 정착되지 않으면 무용지물입니다. 이것은 디즈니 현장도 마찬가지라 이를 방지하기 위한 시스템도 만들어져 있습니다.

디즈니랜드의 전 직원이 매뉴얼을 숙지할 수 있는 건 '브라더 시스템'이라 불리는 제도 덕분입니다. 이것은 일반 기업에서도 볼 수 있는 '엘더 제도(Elder System: 신입 사원에 대한 선배 사원의 현장 실무 지도)'를 다듬은 것입니다. 신입 사원에게 반드시 선배 직원을 전속 교육 담당으로 붙여주고 그의 지도를 받게 하는 시스템이죠. 여기까지는 일반 회사와 다를 바 없습니다. 그러나 이 '브라더 시스템'은 **지도를 하는 선배가 담당 후배와 거의 맨투맨으로, 게다가 공·사를 불문하고 철저히 교육을 한다는 점이 특징**입니다. 짝을 이룬 선·후배가 마치 형제처럼 성장하기를 바란 디즈니의 독자적인 시스템이죠. 저는 이 선·후배 사이의 관계를, '상사도, 친구도 아닌 대각선의 관계'라고 부릅니다.

선배들은 매뉴얼 숙지를 위한 코치 같은 존재입니다. 앞서 말했듯, 디즈니의 매뉴얼은 작업 내용과 순서만 정해져 있을 뿐입니다. 디즈니 직원은 수습 기간 동안 대략적인 것을 배운 후, 바로 현장에 투입되기에 당연히 처음에는 모르는 것 투성입니다. 앞 장에서 나왔던 '내선 전화'라는 안전장치는 있지만, 아무래도 신입 사원의 불안을 완전히 제거하진 못합니다. 그러나 선배가 늘 주변에 있고, 모르는 것이 있을 때에도 바로 조언을 해주므로 '무엇을 해야 할지 모르겠다', '불안해서 제대로 고객 응대를 할 수 없다'라는 사태는 발생하지 않습니다.

★ 지도는 과감하게 해야 한다

지도를 하는 선배들은 후배 직원이 매뉴얼에서 벗어난 행동을 하거나, 디즈니의 기준(스탠다드 라인)에 걸맞지 않은 행동을 한다면 기탄없이 지적합니다.

저도 신입 사원 때 유니폼 바지 자락이 '신발 자국'으로 조금 더러워졌을 뿐인데, "오오스미, 바지가 더러우니까 당장 갈아입어!"라는 지적을 당한 적이 있습니다.

커스터디얼의 일은 놀이공원 내를 돌아다니며 하기 때문에 아무래도 바지에 '신발 자국'이 나게 됩니다. 그러나 선배는 절대 봐주는 것 없이, "하루에 옷을 몇 벌을 갈아입든, 손님 앞에서는 청결한 모습을 유지해야 해!"라고 가르쳐주었습니다. 디즈니의 현장에서는 이런 식으로 매뉴얼을 적용합니다. 그에 따라 직원 한 사람 한 사람의 가슴 속에 엄격한 기준이 서게 되는 것이죠.

한편, '손님 응대'라는 본래의 업무에 대해서는 직원 개개인의 방식을 존중하여 모를 때는 힌트를 주고, 더 나은 방법을 함께 연구합니다.

디즈니랜드에는 일반 서비스 업계와 달리 표정 관리 매뉴얼이 없고, 웃는 얼굴을 만들기 위한 연습도 하지 않습니다. **'손님과의 교류'라는 부분까지 매뉴얼로 획일화해버리면 손님에게 감동을 줄 수가 없고, 직원 또한 성장이 멈춰버리기 때문입니다.**

그럼에도 불구하고 직원들이 밝은 미소를 잃지 않는 것은, 선배가 후배에게 손님을 진심으로 모시는 참된 의미를 전해주기 때문입니다.

★ 매뉴얼이 지켜지지 않는 것은 의욕 때문이 아니다

매뉴얼이 있는 데도 지키지 않는다.
매뉴얼이 있는 데도 업무의 질이 유지되지 않는다.
매뉴얼이 있는 데도 손님들의 만족도가 오르지 않는다.

이럴 경우, 대부분의 기업은 직원의 의욕에 문제가 있다고 생각할 겁니다. 그리고 '동기 부여 프로그램' 같은 것을 만들어 직원들의 사기를 상승시키려 합니다. 그러나 이것은 잘못된 생각입니다.

의욕이란 것은 누군가가 가르친다고, 누군가가 억지로 끌어올린다고 생기는 것이 아닙니다. 왜냐하면 동기부여를 할 수 있는 것은 자기 자신뿐이니까요.

어떤 팀에든 배우는 속도가 느린 사람이 있습니다. 그중에는 자신이 업무를 제대로 못한다고 자책하며 쉽게 풀이 죽는 사람도 있습니다. 주위 사람이 그런 사람에게 '기운 내!'라는 말을 해도 효과가 없습니다. 그런 사람의 잠재력을 이끌어내기 위해서는 **그 사람이 잘할 수 있는 일을 만들어 작은 성공을 맛보게 함으로써 자신감을 심어주는 것이 중요합니다.**

간단한 일일지라도 제대로 해낸다면 지나치다 싶을 정도로 칭찬하는 겁니다. 이것을 시스템으로 만든 것이 바로 '브라더 시스템'이죠.

선배 직원들은 경험이 부족한 후배가 업무를 문제없이 해내면, "잘했어!"라고 한마디 칭찬을 합니다. 그 한마디로 후배의 의욕이 들끓는 것은 아니지만, 선배가 '지켜봐준다'라는 것만 있어도 안심이 됩니다.

또한 '인정받았다'라는 느낌은 자신감을 키우고 선배와의 신뢰감을 싹 틔우는 씨앗이 됩니다. 이러한 성장의 발판이 되고 간단한 업무에 딱 맞는 아이템이 바로 매뉴얼입니다. 매뉴얼에 적힌 작업의 목적과 간결한 절차를 따르다 보면 누구나 평균 이상의 성과를 낼 수 있습니다. 문제는 선배가 **"그 정도는 당연히 해야지!"라고 방관하느냐, 그렇지 않으면, "잘했어!"라고 칭찬하느냐입니다.**

선배가 칭찬한다. 선배가 인정한다. 그러니까 "해야지!" 그렇게 시작해도 괜찮습니다. 그러나 그것을 계속하다 보면 반드시 다음 단계에 도달하게 됩니다. 그리고 "이렇게 하면 왜 선배가 칭찬할까? 왜 인정해줄까?"라는 생각이 들기 시작합니다.

후배가 그 단계에 접어들면 선배는 매뉴얼의 본질에 대해 알려줍니다.

"이 매뉴얼이 존재하는 이유는 작업 효율화와 나아가서는 본래의 업무를 위해서야. 매뉴얼은 실현하고자 하는 목표를 실제 작업으로 나타낸 것이니까."

이 참뜻을 이해하게 되면 후배 직원은 드디어 제 몫을 할 수 있게 됩니다.

후배가 매뉴얼 덕에 작은 성공 경험을 쌓고, 선배한테 인정을 받아 의욕에 불이 붙으면, 선배는 거기어 그치지 않고 매뉴얼의 배경에 깔린 본질에 대해 이야기를 합니다. 선배와 후배 사이에는 이미 신뢰관계가 형성되어 있으므로 후배는 선배의 이야기를 듣고 매뉴얼의 소중함, 본질을 깨닫게 되는 것이죠.

이것이 바로 브라더 시스템을 이용하여 팀어 매뉴얼을 정착시키는 방법입니다.

이 시스템을 일반 회사에 도입하는 것은 그리 어렵지 않습니다. 신입 사원이 들어오면 교육을 담당할 선배를 정하기만 하면 되니까요.

단, 문제는 그 선배와 신입 사원 간의 거리감, 커뮤니케이션 방법입니다. 다음 항에서 제 교육 담당이었던 선배의 예를 들어 그 비법을 설명하겠습니다.

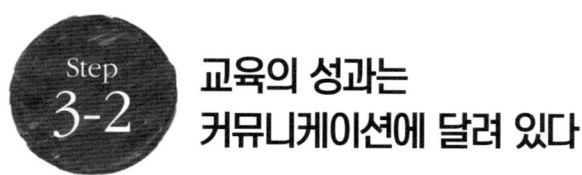
교육의 성과는 커뮤니케이션에 달려 있다

★ 일부러 사적인 부분에 발을 들인다

'브라더 시스템'에서 지도를 하는 선배의 태도나 커뮤니케이션 방법은 다양하나, 공통점도 있습니다.

그것은 후배, 부하를 믿고 일을 맡기는 것입니다. 업무를 하면서 개개인의 능력을 잘 이끌어내고, 만일 실수를 하면 함께 원인을 찾고 대처 방법을 도와주는 선배는 어느 회사에나 있습니다. 그리고 후배가 그런 선배를 보고 배우는 것은 당연한 이야기입니다.

그러나 **'브라더 시스템'은 그런 선후배 관계를 강제적으로 만든다는 것이 포인트입니다.** 신입 사원은 입사하자마자, "OO 씨가 자네 교육 담당일세."라고 좋든 싫든 누군가와 짝을 이루게 됩니다.

여기서 쉽게 예상되는 문제는 성격 차이로 발생하는 문제입니다. "그 사람하고는 체질적으로 안 맞아.", "저 사람의 말은 아무래도 납득이 안 돼." 등등… 업무가 아니라 커뮤니케이션 면에서 이미 삐걱거리며 선후배 관계가 어굿나는 것도 매우 흔히 볼 수 있습니다.

그런데 '브라더 시스템'에서는 이런 문제가 거의 발생하지 않았습니다. 신기하게도 같은 조직 내에서 성격이 다 다른 사람들이 일정 수준 이상의 성과를 낼 수 있는 것에는 다 비결이 있습니다.

선배들은 매뉴얼을 훤히 꿰뚫고 있는 것은 물론이거니와 **후배와 커뮤니케이션을 할 때 일부러 후배의 사적인 부분에도 발을 들입니다.**

후배가 어떤 사람인지 알아보기 위해, "왜 디즈니랜드에서 일하고 싶은데?"라고 일부러 개인적인 질문을 하며 다가갑니다. 저 역시도 후배를 지도하게 되었을 때 선배한테 배운 것처럼 일부러 후배의 부모님에 대해 질문을 했습니다.

사람들은 자신과 가까운 사람에 대해 이야기를 하다 보면 본심이 나오게 됩니다. 그들이 부모님을 어떻게 생각하는지, 부모님과의 관계는 어떤지 이야기를 듣고 후배들의 개성을 파악하는 것이죠.

그리고 끊임없이 커뮤니케이션을 이어 가면 후배는, "이 선배한테는 털어놔도 괜찮겠구나.", "이 사람한테는 뭐든 이야기할 수 있겠어."라며 경계를 풀게 됩니다.

⭐ 모든 것을 관리하려 들지 않는다

일반적인 업무를 할 때에는 적당히 방치하는 것도 선배들의 방식이었습니다. 맡겨놓고, 지켜보고, 참견하지 않는다. 특히 제가 정글 크루즈 시절, 제 선배이셨던 도요타 선배의 타이밍은 절묘했습니다. 넘어진 아이가 스스로 일어날 때까지 지켜보고, "장하다!"라고 칭찬하는 부모처럼 후배들을 지도했지요.

예를 들자면, 제가 실수를 해서 풀이 죽어 있어도 일부러 모르는 척 해놓고 제가 쉬기 전날에 따로 불러 이야기를 합니다. 그러면 전 '지켜보고 계셨구나' 하고 안심하게 됩니다. 그러나 그 선배는 그때, "이렇게 했어야 했어."라는 답은 알려주지 않습니다. 그것은 바로 **실수를 곱씹어볼 시간을 주기 위함이었습니다.**

휴무 전날 이야기를 해놓으면 다음번에 출근하기 전까지 머리 한구석에, "어떻게 대처했어야 할까?"라는 의문이 맴돌게 됩니다. 그러면 인간은 무의식 중에 스스로에게 묻고 답하기를 반복하며 성장하게 되는 것이죠.

또 한 가지, 선배들의 대단한 점은 자신들의 업무도 척척 해내며 후배들을 살핀다는 점입니다. 출근하자마자, "안녕?" 하고 인사를 해주는 선배도 있었고, 아무 말 없이 어깨에 툭툭 쳐주는 선배도 있었습니다.

그런 **소소한 커뮤니케이션에는**, "널 지켜보고 있어.", "널 응원하고 있어", "무슨 일이 있으면 얘기해."라는 메시지가 담겨있습니다.

★ 중요한 일을 맡겨서 성장을 촉진한다

제가 개발사업부에서 도쿄 디즈니 개업 프로젝트에 참여했을 당시에 있었던 오오즈카 선바와의 추억은 지금도 잊지 못합니다.

디즈니 프로젝트 진행 당시, 지역 주민들과 지바 현 경찰, 경시청, 도로공단 등 각종 단체에서 교통 문제 개선책을 요구했습니다. 저는 선배를 보조하며 각 단체와 의견 조정을 했고, 지바 현에서 공사 허가 서류에 도장만 찍으면 끝나는 최종 단계에까지 접어들었습니다.

도장을 찍기로 한 당일. 오오즈카 선배는 저에게 드장을 찍는 중대한 역할을 맡겼습니다.

도장을 찍는 행위는 누구나 할 수 있지만, 여기까지 오면서 겪었던 산전수전을 옆에서 전투 지켜봤었기 때문에 마치 제가 회사 대표로서 드장을 찍게 된 것 같았습니다.

게다가 상사인 오오즈카 선배가 해야 할 역할을 신입 사원인 저에게 맡겨 주었다는 것이 기뻤습니다. 선배가 너도 함께 열심히 했다고 인정하는 것 같아 정말 이 일을 하길 잘했다는 보람을 느꼈습니다. 그와 동시에 다시 한번 마음을 다잡는 계기가 되었습니다.

오오즈카 선배가 연출한 이 깜짝 이벤트의 효과로 어떤 문제가 발생하더라도 꿋꿋이 헤쳐 나가겠다는 의욕과 책임감이 솟아났습니다. 그리고 이 경험은 제가 후배를 지도하게 되었을 때 큰 도움이 되었습니다. 상황을 어떻게 연출하면 후배의 가슴에 불이 붙는지 선배가 제게 해주었던 말을 떠올리며 저도 후배에게 매뉴얼+α를 전하려 노력했습니다.

이렇듯, '브라더 시스템'은 단순히 매뉴얼을 정착시키는 것이 아니라, 개인의 능력을 신장시키고, 그것이 점차 퍼져나가서 결과적으로는 팀 전체의 능력이 향상되는 것입니다.

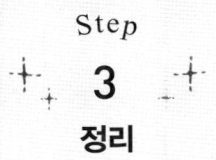

Step 3
정리

🎗 '브라더 시스템'이란 교육 담당 선배가 후배를 1:1로 철저하게 지도하는 제도이다.

🎗 직원의 의욕을 끌어내기 위해서는 그 사람이 활약할 수 있는 일을 만들어 그 사람이 자신감을 갖도록 유도하는 것이 중요하다.

🎗 '브라더 시스템'을 제대로 운용하기 위한 포인트
  1. 사적인 부분에 발을 들여라
  2. 적당히 방치하고 스스로 생각할 시간을 줘라
  3. 중요한 일을 맡겨서 성장할 기회를 줘라

🎗 '브라더 시스템'은 매뉴얼을 모든 직원들에게 정착시킬 뿐만 아니라, 개인의 능력을 향상시키는 시스템이다.

Step
4

디즈니식 시스템은
활기찬 직장을 만든다

슬슬 다음 단계로군.

네? 다음 단계요?

이대로 최강 매뉴얼이 완전히 정착하도록 두면,

실적 상승으로 이어지는 거 아닌가요…?

아직 그런 기대를 하긴 일러!

한 가지 장애물을 뛰어넘었다는 건 다음 장애물로 향해 간다는 뜻이야!

※ 아마 이런 표정으로 이야기할 듯

장애물… 이요?

초강 매뉴얼이 정착되기 시작하면 다른 문제가 발생해.

슬슬 선배 직원 중 한 사람이 이런 말을 꺼내겠지.

......

......

선배, 죄송해요. 자꾸 귀찮게 해서.

선배,

어린이 런치 메뉴 장난감이 부족해요.

어제 주문하는 걸 깜박했어요…

깜박했다고?! 그럼 오늘 런치는 어떡해!

빨리 다른 지점에 여유분 없는지 전화해봐!

전화번호 모르는데요.

따라와, 점포 일람 어디 있나 알려줄게.

그걸 아직도…

어쩌지… 브라더 시스템으로

최강 매뉴얼은 어느 정도 정착 됐는데…

이런 문제점이….

"Duty는 디즈니랜드로 치자면 청소 작업, 레스토랑, 점포, 각 놀이 기구에서 손님들을 안내하는, 필수적으로 해야 할 '작업'이고, 이게 업무의 60%를 차지해.

● 'Duty'와 'Mission' 피라미드

Mission
목표 업무 (역할)
40% — 스스로 생각한다

Duty
하지 않으면 안 되는 일 (작업)
언제, 누가 하더라도 같은 결과가 나오는 일
깊은 생각을 하지 않더라도 할 수 있는 일
60% — 매뉴얼 (내용× 순서)

한편, 나머지 40%가 '미션'이야. 이건 디즈니의 이념인 'Give happiness' 즉, 손님에게 행복을 드리는 일이지.

매뉴얼 실시

월트 디즈니는 업무의 60%를 차지하는 'Duty'를 매뉴얼로 간소화해서

필수 작업 60%

↓

행복 제공 40%

Give Happiness

남은 40%인 '목표 업무 (Mission)'에 힘을 쏟을 수 있게 시스템을 만들었대.

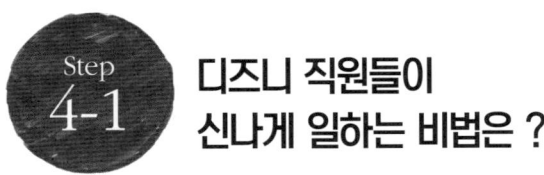
Step 4-1 디즈니 직원들이 신나게 일하는 비법은?

★ 비밀은 바로 '자기효능감'

'직원이 금방 그만둠'
'조직, 팀에 일체감이 없음'
'부하가 스스로 나서서 일을 하지 않음'
'회사 전체적으로 활기가 없음'

독자분들 중에도 이런 고민을 갖고 있는 리더도 분명 계시겠죠? 실제로 제가 강의나 연수 교육을 나가면 이런 질문과 고민을 상담하시는 분이 많습니다.

디즈니랜드에서 일을 하면 지켜야 할 매뉴얼은 많고, 매일 붐비는 놀이공원에서 일하는 이상, 근무 중에는 바쁘게 돌아다닐 수밖에 없습니다. 그럼에도 불구하고 디즈니랜드의 직원들은 늘 밝고 적극적인 모습으로 일을 합니다. 놀라운 것은 디즈니랜드에서 일하는 직원의 90%가 아르바이트생이란 것입니다. 특별한 사람들을 뽑는 것도 아니고, 다른 회사랑 비교했을 때 시급이 높은 것도 아닙니다. 그런데 그런 평범한 사람들의 근무 태도를 다른 기업들이 부러워한다니 신기할 따름입니다.

그렇다면 디즈니의 직원들이 즐겁게 일할 수 있는 비법은 뭘까요? 그 질문에 전 이렇게 대답합니다.

"만일 비법이 있다면 아마 '고맙다는 말'을 많이 들어서 그럴 거예요." 그러면 대부분 이렇게 코웃음을 칩니다.

"에이, 설마요! 고작 그걸로 직원들이 주체적으로 일을 하겠어요?" 이 생각에 동의하시는 독자분들도 많을 겁니다. 그러나 이 주장이 힘을 얻는 이유가 있습니다.

그것은 바로 '자기효능감'입니다. '자기효능감'이란 심리학에서 사용되는 말입니다. 쉽게 말해, "난 다른 사람의 도움이 되고 있어!", "다른 사람에게 인정받고 있어!"라는 것이죠.

디즈니랜드의 직원들은 손님에게 '고맙습니다'라는 말을 들음으로써 커다란 '자기효능감'과 이곳에서 일하는 보람을 느끼게 됩니다. 그렇기 때문에 누가 시키지 않아도 활기차게 일을 할 수 있게 되는 것이죠.

⭐ 디즈니랜드에는 '고맙습니다'라는 말을 이끌어내는 시스템이 있다

그리고 이것은 우연이 아닙니다. 역할과 업종에 상관없이 디즈니랜드에서 일하는 모든 직원들에게 적용되는 매뉴얼이 있으며, 그곳에 적힌 세 가지 항목은 누구에게나 '고맙습니다'라는 말을 이끌어내는 '시스템'으로 작용합니다.

그 세 가지 항목은 바로 [3 Give]입니다.

[3 Give]

1. "Give your a step for picking up trash ahead"
   쓰레기를 주웁시다!
2. "Give your 1 finger for taking pictures"
   사진을 찍어 줍시다!
3. "Give your a call for your happiness"
   안내를 해줍시다!

포인트는 'a step (한 발짝)과 1 finger (손가락 하나), a call (한 마디)'입니다. 마음만 먹으면 누구든 할 수 있는 간단한 것이죠.

쓰레기가 떨어져 있는 걸 발견하면 한 발짝 다가가 줍고, 카메라나 핸드폰으로 사진을 찍으려는 손님을 보면, "찍어 드릴까요?"라고 물은 후, 검지로 셔터를 누릅니다.

가이드북을 손에 들고 두리번거리는 손님처럼 도움이 필요해 보이는 손님을 발견하면, "도와드릴까요?"라고 한마디 말을 건넨 후 안내합니다.

이처럼 디즈니에서 일하는 직원들은 소속이 어디든 스테이지라고 불리는 놀이공원 내부에서 이 세 가지 조항에 해당하는 사항이 발생하면 절대 그냥 지나치지 않습니다. 마치 조건반사처럼 행동으로 옮기죠.

왜냐하면 전 직원들이 익혀야 할 매뉴얼에 이 세 가지 항목이 실려 있고, 이미 모두가 가슴 깊이 새기고 있기 때문입니다.

★ 단지 '청소'를 하고 있을 뿐인데 '고맙다'는 말을 듣는 방법은?

물론 개중에는 아직 업무에 익숙하지 않아, "먼저 말을 걸기가 쑥스럽다…"라는 신입 사원도 있습니다. 하지만 괜찮습니다.

월트 디즈니는 직원과 손님이 대화를 할 수밖에 없는 상황을 의도적으로 만들어놓았기 때문입니다.

디즈니랜드에는 안내판이 거의 없습니다. 있기는 있지만, 면적당 안내판의 수는 다른 놀이공원에 비하면 무척 적은 편이죠.

그만큼 넓은 놀이공원 내부를 전부 파악하고 있는 손님은 드뭅니다. 그렇게 되면 손님들은 공원 곳곳에서 청소를 하고 있는 커스터디얼에게 길을 묻게 됩니다. 커스터디얼은 질문에 대답을 하기만 했는데, "고맙습니다!"라는 말을 듣는 거죠. **디즈니는 이런 커뮤니케이션의 기회를 만들기 위해 일부러 안내판의 수를 적게 만든 것입니다.**

사실 월트 디즈니는 커스터디얼을 미화 담당이 아니라, '안내원'으로 배치했습니다. 도쿄 디즈니랜드에서 배출되는 쓰레기 양은 하루에 약 20톤이 넘습니다만, 약 400명 정도 되는 커스터디얼이 하루에 모으는 쓰레기 양은 그 중 1.4톤으로 전체의 10%에도 미치지 못합니다. 대신 손님이 커스터디얼에게 질문하는 횟수는 하루 평균 100회 이상입니다.

이것만 봐도 커스터디얼은 청소를 하는 것처럼 보이지만(물론 실제로 하고 있습니다), 그들의 본래의 업무는 놀이공원 내부 안내라는 것을 알 수 있습니다.

월트 디즈니는 이런 직원과 손님 사이의 커뮤니케이션을 '매지컬 찬스'라고 부르며 매우 중요하게 여겼습니다.

그러면 손님들은 직원들과 '디즈니스러운 교류를 했다'고 인식하고, 그 인식은 곧 "고맙습니다!"라는 말로 이어집니다. 상대에게 '고맙다'는 말을 들었을 때의 느낄 수 있는 기쁨은 굳이 설명하지 않아도 되겠지요.

참고로 **현장에서 일하는 직원들은 이것이 본인의 '자기효능감'을 높이는 시스템이란 것을 의식해서 하는 것은 아닙니다.** 어디까지나 자연스럽게 몸에 밴 행위입니다.

사원의 의욕을 높이기 위해 월급을 올리거나, 명함에 직함을 붙여주는 것은 몇 개월만 지나면 언제 그랬냐는 듯, 금세 의욕이 저하되기 시작합니다. 물론 능력에 따라 승진이나 월급을 올릴 수는 있겠지만, 그건 다른 이야기입니다. 그것만으로 사원들의 의욕을 높이려고 하는 생각은 잘못된 것입니다.

그러나 '감사의 인사'가 오가는 상황을 만들면 만들수록 직장과 직원의 분위기는 살아나기 시작합니다. 그리고 그 말은 매일 들어도 질리지가 않습니다.

"감사합니다!"라는 말을 유도하여 직원들의 '자기효능감'을 심어주는 시스템, 월트 디즈니는 이 시스템을 기반으로 견고한 조직을 만들고자 했습니다.

당신의 직장에 "고맙습니다"라는 말을 유도하는 시스템을 도입하기 위해서는?

★ 저절로 '감사의 인사'를 하게 되는 환경을 만든다

 지금까지 직원들의 '자기효능감'을 높이기 위한 시스템에 대해 설명을 했습니다. 이 시스템은 디즈니랜드에서만 적용 가능한 것이 아닙니다. 만일 당신의 직장이 손님과 직접 대면할 기회가 없는 곳이라 해도 직원끼리, 상사와 부하 직원, 선배와 후배 직원끼리 서로 '고맙다'는 말이 절로 나오는 환경을 만든다면, 직장 분위기가 확 바뀔 것입니다.

 단, '적극적으로 감사의 인사를 할 것'이란 규칙을 정하게 되면 언제 어떻게 해야 할지 구체적이지 않으니 그 규칙은 정착되기가 힘들 것입니다. 그러나 간단한 규칙을 정하면, '고맙습니다'라는 말이 절로 나오는 시스템을 만들 수 있습니다.

 예를 들면, '사무실 복합기에 용지나 토너가 부족할 경우 출력한 사람이 아니더라도 근처에 있는 사람이 보충한다', '바닥에 쓰레기가 떨어져 있으면 줍는다'와 같은 사소한 것도 가능합니다.

또한, 관리직이 아닌 직원에게도, '컴퓨터를 하다가 모르는 것이 있으면 그쪽에 능통한 OO 씨한테 들을 것', '업무 작업과 서류 작업은 XX 씨에게 상담하도록' 등과 같이 직원 모두에게 '담당'을 배정하면 전 직원이 '고맙다'라는 말을 들을 수 있어 '자기효능감'을 얻을 수 있습니다. 그러면 손님과 접점이 없는 직장에서도 억지로 의식하지 않고 자연스럽게 '감사의 인사'를 유도할 수 있습니다.

그리고 만일 당신에게 브하나 후배 직원이 있다면, '고맙다'라는 말 한마디를 건넵시다.

부탁한 업무를 끝낸 담당자에게, "수고했어! 고마워!"라는 말을 하는 것만으로도 직원의 태도가 달라지기 시작합니다. 전혀 어렵지 않습니다. 어떤 회사, 어떤 직종에서든 당장 내일부터 실행 가능한 시스템입니다. 처음에는 억지스럽다는 생각이 들 수 있겠지만, 그래도 괜찮습니다.

회사에 '감사의 인사'가 자연스럽게 나오는 시스템을 만들고, 리더는 '고맙다'는 말을 의식적으로 하도록 합니다.

이 책에서는 여러 디즈니식 시스템을 소개해드리고 있지만, 우선은 이것부터 시작해보시길 권장합니다.

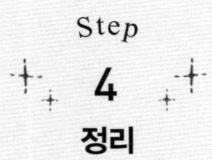

Step 4
정리

- ◆ '다른 사람의 도움이 된다', '다른 사람에게 인정받는다' 라는 자기효능감이 팀과 직원들에게 활기를 불어넣는다.

- ◆ 디즈니에서는 자기효능감을 시스템으로 유도한다.

- ◆ 디즈니랜드의 커스터디얼은 손님을 안내해주고 하루에 100번 이상 '고맙다'는 말을 듣는다.

- ◆ '감사의 인사'가 절로 나오는 시스템을 도입한다면, 어떤 팀에서도 활용이 가능하다.

- ◆ 리더는 의식적으로 '고맙다'라고 말하는 것이 중요하다.

Step

5

디즈니의 철학을 늘 상기시킴으로써
최고의 직원을 만들어내는
디즈니의 시스템

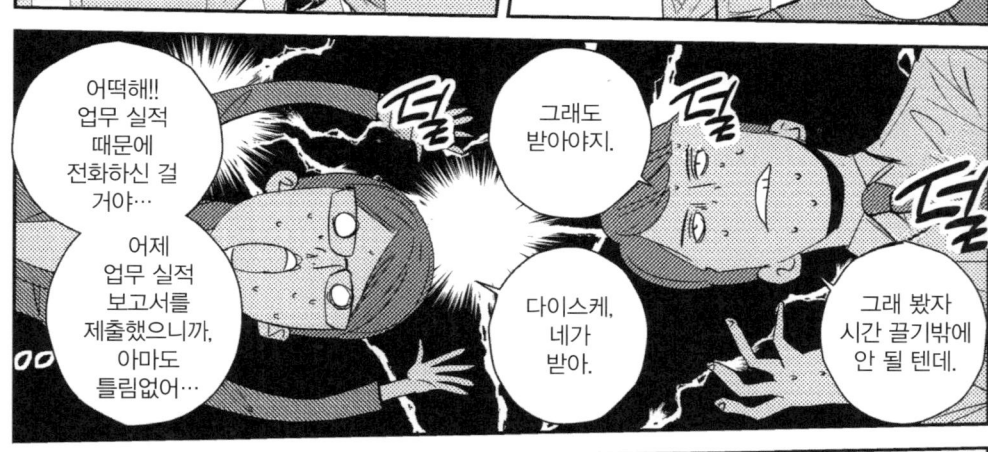

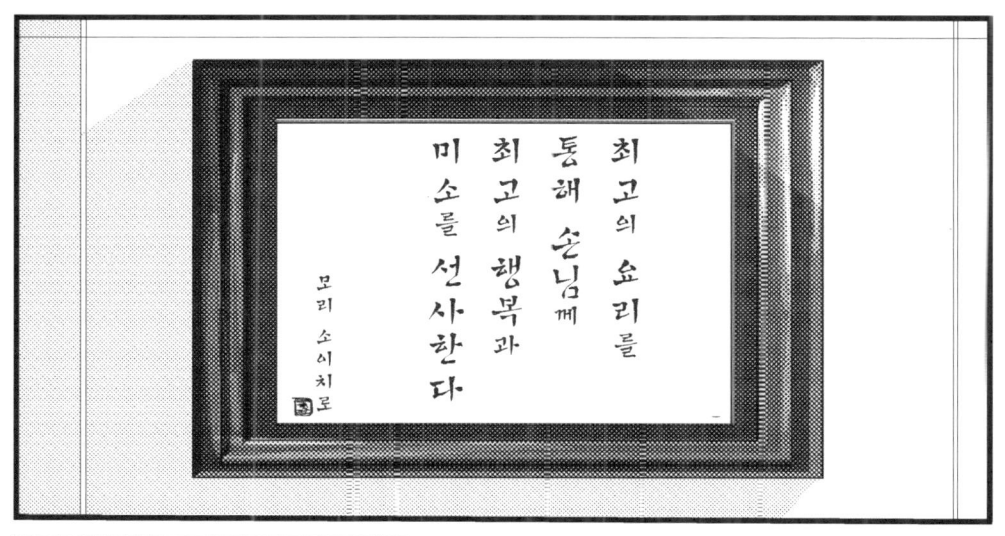

● 'Duty'와 'Mission' 피라미드

우리가 지금까지 적용시킨 '최강 매뉴얼'은 전체의 60%인 Duty에 해당하는 부분이야.

40% — Mission
목표 업무 (역할)
스스로 생각한다

60% — Duty
하지 않으면 안 되는 일 (작업)
언제, 누가 하더라도 같은 결과가 나오는 일
깊은 생각을 하지 않더라도 할 수 있는 일
매뉴얼 (내용x 순서)

최강 매뉴얼

하지만 더 중요한 건 나머지 40%인 'Mission' 부분이지.

디즈니의 조직력은 따라올 자가 없을 만큼 강력해.

조직력

이 조직력을 만들어내기 위해서는 'Duty'와 'Mission' 어느 한쪽도 빼놓을 순 없어.

디즈니랜드는 언제 가더라도 행복한 기분을 느낄 수 있고, 현실을 잊을 수 있어. 그 이유는 모든 현장 직원들이 'Give Happiness'라는 이념을 이해하고 그것을 바탕으로 손님을 대하기 때문이지.

그렇지 않으면 아무리 매뉴얼을 강화하더라도 손님을 감동시키는 서비스는 불가능하며 실적 또한 지속적으로 늘지도 않을 거야.

Give Happiness

오늘 단골손님께 들은 건데요…
뭔데?
어서 오세요.
금연석으로 안내해드리면 되죠?
어? 날 기억해 준 거야? 땡큐!
음, 좋은 정보네.
자주 오신다는 건 음식이 마음에 들어하신다는 거군.
그렇다면 이제 '미소'로 반겨드리자.
그 얼굴은 좀 그렇다.
우리 상부상조 하는 의미로,
자주 오시는 분들 얼굴을 기억해서 다 같이 정보를 공유하자.
속닥
속닥
그러자고.
속닥
단골손님 얼굴 기억하는 것도 중요한 거니까.

그리고 최종적으로는 Mission과 Duty가 꽉 채워진 100%의 서비스를 제공하게 되는 거야.

Mission
목표 업무 (역할)
40%
스스로 생각한다

Duty
하지 않으면 안 되는 일 (작업)
언제, 누가 하더라도 같은 결과가 나오는 일
깊은 생각을 하지 않더라도 할 수 있는 일
60%
매뉴얼 (내용× 순서)

'크로스 커뮤니케이션'이 그럭저럭 성공한 것 같네.

응.

다이스케, 디즈니에서 선술집을 낸다고 하면…

어떤 선술집이 될 것 같아?

디즈니가 선술집 이라고?

Step 5-1 시스템으로 조직을 활성화하는 디즈니의 방법이란?

★ 디즈니의 조직력은 디즈니의 이념에서 나온다.

 디즈니의 가장 큰 장점은 뭐니 뭐니 해도 조직력입니다. 이러한 조직력을 갖추기 위해서는 매뉴얼로 관리되는 'Duty'란 작업과 목표 업무인 'Mission'이 필요합니다.
 월트 디즈니는 업무를 'Duty(작업)'과 'Mission(역할)'로 나누었습니다.
 'Duty'란 디즈니랜드로 치면 청소 작업이나 레스토랑, 가게, 각종 놀이 기구에서 손님들을 안내하는 것과 같이 '해야 할 일, 작업'입니다. 이것이 업무 중에서 60%를 차지합니다. 지금까지 소개했던 매뉴얼로 관리할 수 있는 작업들이 모두 여기에 해당하죠.
 나머지 40%에 해당하는 'Mission'은 디즈니의 이념인 'Give Happiness = 손님에게 행복을 선사하는 것'을 실현시키는 것을 말합니다. '역할', '업무의 본질', '목표 업무'라고 바꿔 말할 수도 있습니다.
 월트 디즈니는 업무의 60%에 해당하는 'Duty'를 실행하기만 해도 모두가

● 'Duty'와 'Mission'의 피라미드

'매일이 첫 공연'이라는 개념을 정립시키고, 'SCSE(안심, 예의범절, 쇼, 효율)'이라는 네 가지 행동 기준을 실현할 수 있는 시스템을 만들었습니다.

그 시스템 중 하나가 매뉴얼입니다.

단, 월트 디즈니는 『매뉴얼에 실려 있는 것은 모든 직원이 당연히 할 수 있는 것이다. 그러므로 'Duty'를 수행한다고 해서 "나는 업무를 완수했어!"라고 생각해서는 안 된다.』라고 경계했습니다. 즉, **주어진 작업을 수행하기만 해서는 업무를 완수했다고 할 수 없다는** 것이죠.

월트 디즈니가 생각하는 업무란 **'Mission'을 실현하는** 것입니다.

디즈니랜드라는 사업의 미션은 'Give Happiness'입니다. 방문하는 모든 손님들께 행복을 주는 것이죠. 월트 디즈니는 전 세계의 사람들에게 행복을 베풀고 싶어 했습니다.

그런 월트 디즈니가 직원들에게 바라는 'Mission'이란 손님에게 'Give Happiness'를 제공해야 한다는 사명을 늘 잊지 않는 것입니다. 당연히 해야 하는 작업(Duty) 그 너머에는 행복을 전한다는 역할(Mission)이 기다리고 있습니다. 그것을 항상 염두하고 일을 해야만 진정으로 '업무를 완수'한 것이 됩니다.

개중에는 '안전'이라고 정의하는 자료도 있지만, 월트 디즈니가 남긴 자료는 '안심'이라고 해석하는 것이 더 적절합니다. 손님들이 불안해하지 않는 편안한 공간을 만드는 것을 최우선으로 여기기 때문에 '안전'은 그 안에 포함되는 요소입니다.

Step 5-2 크로스 커뮤니케이션이란?

★ 이념을 정착시키기 위한 시스템

디즈니랜드의 'Give Happiness'라는 미션은 일반 기업에서 말하는 경영 이념입니다.

손님이 언제 방문하든 현실 세계를 잊고 행복한 기분을 만끽할 수 있는 것은 전 직원이 'Give Happiness'라는 이념을 마음 깊이 새기고 손님을 대하기 때문입니다. 그렇지 않으면 아무리 매뉴얼을 보강하더라도 손님에게 감동을 주는 서비스는 불가능하며, 계속 업무 실적을 쌓을 수도 없었을 것입니다.

'이념'이라 하면 직급이 낮을수록 현실과는 동떨어진 '그럴싸한 말'이라 생각하는 사람이 많은 반면, 직급이 높고 경영층에 가까워질수록 '이념을 이해시키기 힘들다' '사원들의 마음을 모으기 힘들다', '조직 활성화가 안 된다'라는 고민을 갖고 계신 분이 많습니다.

어떤 회사든 이념이 투영되지 않으면 사원의 마음을 모으기 힘들 것이고,

지금 당장은 실적이 나오더라도 언젠가 유지하기 힘들어지는 날이 옵니다. 디즈니에서는 이런 문제를 '크로스 커뮤니케이션'이란 시스템으로 해결했습니다.

★ 모든 사람이 허심탄회하게 이야기할 수 있는 자리를 만든다

크로스 커뮤니케이션이란 직원들을 반강제로 커뮤니케이션에 참가시키는 방법입니다. 이것은 **연령, 성별, 직위, 국적, 경력 등과 상관없이 얼굴을 맞대고 생각을 나눌 시간을 만드는 시스템**입니다.

조례, 종례 시간이 있는 직장에서는 가끔 매월 목표 수치를 확인하거나 사장님의 짧은 연설을 듣거나 창립 이념을 복창하는 등, 일방적인 커뮤니케이션을 강요당하죠.

그 시간을 크로스 커뮤니케이션으로 활용하는 것입니다. 한쪽이 일방적으로 말하는 것이 아니라, 그날 있었던 즐거운 일이나 좋았던 일처럼 긍정적인 테마를 그룹 내에서 자유롭고 솔직하게 이야기해보는 겁니다.

'왜 이 일을 하고 있는가'와 같은 본질적인 주제를 그 기업의 이념과 연결 지어서 이야기할 수 있다면 더할 나위 없이 좋습니다.

그리고 크로스 커뮤니케이션을 하게 되면, "전 오늘 이런 경험을 했습니다."라는 말에 "나도 그런 적 있어!"라는 공감대가 형성되고 상사는, '현장에선 그런 일이 있었구나!'라고 파악할 수 있게 됩니다.

처음에는 긴장해서 말을 아끼던 직원도 서로 이야기를 나누고, 이야기를 듣다 보면 어느새 자연스럽게 이야기에 섞이게 됩니다. 매일 이런 시간을 내기가 힘들다면, 1년에 몇 번 정도는 자연스럽게 생각을 나누는 기회를 만드는 것이 좋겠지요.

디즈니랜드에서도 조례, 종례 때 자주 크로스 커뮤니케이션을 합니다.

매번 주제는 정해져 있지만, **최종적으로는 'Give Happiness'에 대해 심도 있는 대화를 나누게 됩니다.**

손님들이 느끼는 행복이란? 애당초 행복이란 무엇인가? 언제 'Give Happiness'를 달성했다고 느끼나?

크로스 커뮤니케이션을 몇 번이고 반복하며 월트 디즈니의 철학에 대해 연구합니다. 그러다 보면 보통은 이해하기 힘든 미션이 직원 한 명, 한 명의 가슴속에도 남게 됩니다. 그리고 스스로가 맡은 업무의 참뜻과 가치를 깨닫게 되고, 의욕을 높이는 원동력이 되는 것이죠.

'왜 나는 여기서 일을 하는가'라는 본질을 파악하여 목적의식을 가지고 일을 하게 되면 사람은 자신이 가진 능력을 최대로 발휘하게 됩니다.

직원의 90%가 아르바이트생으로 구성된 디즈니랜드가 그렇게 뛰어난 조직력을 발휘할 수 있는 것은, 크로스 커뮤니케이션을 통해 개개인의 마음속에 깊이 침투한 월트 디즈니의 철학으로 모두가 한마음 한뜻이 되었기 때문입니다.

Step 5-3 이념과 창업자에 대해 연구한다

★ 자신이 무엇을 위해 일하고 있는지를 알게 된다

크로스 커뮤니케이션은 어떻게 직원들에게 이념을 이해하게 만들고 조직을 활성화하는 걸까요?

디즈니랜드에서는 신입 사원이 연수를 받을 때 월트 디즈니의 철학에 대해 거의 이틀을 배우게 됩니다. 하지만 이것만으로는 그의 철학을 모두 이해했다고 보기는 힘들죠.

'Give Happiness'라는 말을 스스로가 납득하기 위해서는 현장 선배들의 지도와 가끔 열리는 크로스 커뮤니케이션을 빼놓을 수 없습니다.

「커스터디얼의 'Give happiness'는 이런 것이므로 화장실 청소는 A부터 D라는 순서가 있고, 변기는 이런 식으로 닦는 것이다」, 「상품부의 'Give Happiness'는 이런 것이므로 미키마우스 인형의 다리는 반드시 꼬아서 진열해놓아야 한다」와 같이 매뉴얼에는 나오지 않는 미션에 대해 이야기를 나누다 보면 약 이틀에 걸쳐 배운 것이 점점 진가를 발휘하게 되는 것입니다.

그리고 연령, 성별, 업무 구역도 다른 직원들이 서로 가감 없이 속마음을 털어놓는 것은, '왜 당신이 여기에서 일을 하는지', '왜 이 회사가 존재하는지'라는 업무의 본질과 마주할 수 있는 절호의 기회이기도 합니다.

★ 업무의 본질을 이해하게 되면
직원의 의욕이 업무 실적이나 월급에 좌우되지 않는다

디즈니랜드의 연수생은 "당신의 역할은 무엇입니까?(What is your mission?)"이라는 질문을 염두하고 행동을 하도록 교육 받습니다.

이것은 플로리다에 위치한 디즈니 본사의 연수 매뉴얼에도 가장 첫 장에 나오는 중요한 문구이며, "당신의 회사는 무엇을 위해 존재합니까?"라는 질문과 같은 말입니다.

사람들이 회사에서 자신이 해야 할 역할, 일하는 회사의 이념에 대해 생각하며 업무를 보는 날이 1년 중 과연 며칠이나 될까요?

예를 들어, 복사기 회사는, '귀사의 사업 효율을 올려드립니다'라는 선전을 합니다. 그렇다면 복사기 회사의 영업사원은, "고객님의 사업 효율을 높이기 위해 이곳에 왔습니다!"라고 말할 수 있겠지요. 그러나 현실은, "큰일 났네! 이번 달 실적이 부족해. 오늘 세 군데는 더 돌아야겠네." 하고 급하게 영업을 하러 가는 사람이 대부분입니다. 그리고 '한 대 팔았다', '렌탈 계약을 따냈다' 등처럼 결과에 따라 의욕이나 평가가 요동칩니다.

그러나 그런 의욕은 개인의 실적과 그에 상응하는 월급에 좌우됩니다. 실적이 떨어지고 월급이 깎이면 의욕도 꺾인다는 말이죠.

이때, '복사기로 귀사의 사업 효율을 올려드립니다'라는 미션의 의미를 곰곰이 생각해봅니다. '효율을 높인다는 건 무슨 뜻이지?', '편리하다는 것은 어떤 것이지?', '손님에게 내가 할 수 있는 것은 뭐지?'

이런 것들을 자문자답하는 것이 아니라, 그룹을 만들어 함께 생각을 나누는 것이 바로 '크로스 커뮤니케이션'입니다. **'무엇을 위해', '누구를 위해' 일하는지 명확히 알게 되면 의욕과 실적을 분리해서 생각할 수 있게 됩니다.**

★ 이념을 이해하기 위한 힌트는 창업자의 철학

'크로스 커뮤니케이션은 이념 연구의 장이기도 하다'라는 말이 잘 이해가 안 되는 분도 계시겠지요.

그것은 이념과 실제 업무의 갭이 크기 때문일지도 모릅니다. 그렇게 되면 아무래도 이념이 그저 허무맹랑한 말처럼 느껴지거나 번지르르한 말을 늘어놓은 것이라고 생각하게 됩니다.

게다가 회사의 경영 이념은 대부분 추상적이고, 가끔은 어떤 속뜻이 감춰져 있는지 알기 힘든 것도 있습니다.

저 역시도 오리엔탈랜드에 갓 입사했을 무렵에 그런 생각을 한 적이 있습니다. 그러다 문득 'Give Happiness'라는 말을 만든 장본인인 월트 디즈니에 대해 알아보자라는 생각이 들었죠.

그래서 저는 사내에 월트 디즈니 연구 동호회를 만들어 회원들끼리 디즈니의 영상을 감상하기도 하고, 월트 디즈니가 쓴 책을 읽기도 하고, 미국 디즈니사의 매뉴얼을 분석하기도 하면서 이해의 폭을 넓혔습니다.

또한 동호회에 참가한 직원들끼리 일할 때 겪었던 체험담을 크로스 커뮤니케이션으로 공유했습니다. 그 당시에는 그것이 크로스 커뮤니케이션이란 것도 몰랐지만, 예정 시간을 훌쩍 넘기는 바람에 기숙사에 다시 모여 밤새도록 이야기를 나누기도 했습니다.

"우리가 선사하는 것은 최고의 즐거움이다. 남에게 즐거움을 선사하면 자기 자신도 즐거움과 만족을 얻게 된다."

"과학 기술이 발전하면 발전할수록, 사람들은 고독해지고 정과 단절된다. 나는 사람들이 서로 감동을 나누고 한마음이 되는 장소를 만들고 싶다."

왜 디즈니랜드를 만들었는지, 그 근간이 되는 이러한 이야기를 비롯한 월트 디즈니의 철학은 아무리 연구해도 끝이 보이지 않을 정도로 심오한 메시지를 담고 있었습니다. 그리고 제가 만든 '월트 디즈니 연구회'는 창업자인 월트 디즈니에게 관심을 갖는 동료가 많았던지 모임을 거듭할 때마다 참가자가 늘었고, 가끔은 오리엔탈랜드의 높은 분이나 미국 디즈니 본사에서 출장 나온 책임자까지 얼굴을 비추는 모임이 되었습니다.

이 경험으로 알게 된 것은 '크로스 커뮤니케이션'의 주제로 창업자를 선택한다면, 이념을 이해하는 데 무척 효과적이라는 것입니다.

창업자는 아무것도 없었던 곳에 지금 우리가 일하고 있는 회사를 세운 사람입니다. 그리고 그 사람은 어떤 생각과 이유가 반드시 있었기에 회사를 만든 것입니다.

그(또는 그녀)가 무엇을 목적으로 사업을 시작했는지 창업자의 원점을 알아보는 것은 회사의 근본을 되짚어보는 것이고, 이것은 이념의 진정한 의미를 이해하는 것과 일맥상통합니다.

그리고 크로스 커뮤니케이션에 참가한 사람들은 이념에 대해 생각해보며 자신이 짊어져야 할 역할에 대해 재인식을 하게 됩니다.

창업자의 인생에는 당신이 업무를 진행할 때 나침반이 되어줄 힌트가 숨어 있습니다.

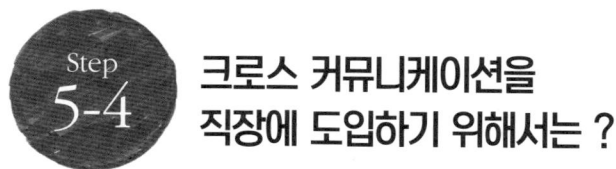 크로스 커뮤니케이션을
직장에 도입하기 위해서는?

★ 커뮤니케이션의 자리는 이렇게 마련한다

이 항에서는 크로스 커뮤니케이션을 진행할 때 필요한 준비에 대해 설명하겠습니다.

【참가자】

크로스 커뮤니케이션을 하기 앞서 가장 중요한 전제 조건은 참가자의 조건이 다양해야 한다는 것입니다. 연령, 성별, 직위, 부서 등 다양한 입장의 사람들을 섞어서 몇 개의 그룹으로 만듭니다.

되도록 경영진도 참가하면 좋습니다. 그들이 현장 직원들의 생생한 목소리를 들을 기회는 의외로 드물기 때문이죠. 디즈니랜드에서는 본부의 경영진이 현장 직원들을 불러 대접하는 '직원 감사 데이'를 통해 경영진과 함께 크로스 커뮤니케이션을 할 수 있었습니다.

【퍼실리테이터】

크로스 커뮤니케이션을 할 때에는 반드시 진행을 이끌어가는 사회자 같은 존재 즉, 퍼실리테이터(Facilitator)가 필요합니다. 회사에서 크로스 커뮤니케이션을 할 경우, 아무래도 지위고하에 따라 발언에 신중을 기하게 되죠. 이때 퍼실리테이터가 나서서 자유롭고 편하게 생각을 나누는 자리라는 것을 다시 한번 설명해야 합니다. 퍼실리테이터는 항상 토론을 긍정적인 방향으로 이끌고, 참가자들에게 공감을 유도해야 하며, 자기 의견을 피력하는 것을 삼가고, 억지로 결론을 내려 해서는 안 되므로 항상 주의해야 합니다.

【그룹 짓기】

각 그룹의 인원수는 홀수가 좋으며 한 팀당 5명이 적정 인원입니다. 홀수가 좋은 이유는 의견이 둘로 갈라지지 않기 때문입니다.

【장소】

크로스 커뮤니케이션을 할 때 장소는 테이블을 모조리 치우고 바닥에 빙 둘러 앉거나, 혹은 의자를 원형으로 두어 참가자 전원이 서로 얼굴을 볼 수 있도록 합니다. 또한, 메모나 화이트보드도 치우는 것이 좋습니다. 각자 자기 머릿속의 지식과 감정을 토대로 이야기하게끔 합니다.

【주제 설정】

　이념을 연구한다고 해도 어렵게 생각할 것 없습니다. 의외로 일상적인 질문 속에서 업무의 본질이나 이념에 관한 이야기가 떠오르기도 합니다. 보편적이고 긍정적인 주제를 설정하도록 유념합니다.

　예를 들면, '업무를 하면서 기뻤던 경험은?'이란 질문을 주제로 정해도 괜찮습니다. 이 주제로 각 그룹에서 한 명씩 돌아가며 이야기를 해봅니다.

　"그때, 이렇게 대응했더니 손님이 무척 좋아하셔서 기뻤다.", "여유가 있을 때 사내 내선번호부를 다시 만들어서 돌렸더니 다들 고맙다고 해줘서 기뻤다." 등등의 유용한 이야기가 많이 나오면 성공한 겁니다. 그런 다음, '그런데 기쁘다는 건 뭘까요?', '즐겁다와 기쁘다는 같은 것일까요?'라는 질문을 던지면 점점 본질에 가까이 접근하게 되는 것이죠.

　중요한 것은 정답을 이끌어내는 것이 목적이 아니라는 것입니다. 이야기를 간단히 정리하려 하지 말고, 각자가 주제에 맞는 본인의 의견을 이야기하며 생각의 폭을 넓혀가게끔 신경 써야 합니다.

　그리고 '회사의 문제점을 밝혀낸다' 같은 부정적인 주제는 피하도록 합니다.

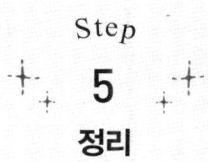

Step 5
정리

★ 디즈니에서는 업무를 'Mission(역할)'과 'Duty(작업)' 두 가지로 나누어서 생각한다.

★ '크로스 커뮤니케이션'으로 이념을 투영시켜, '무엇을 위해 일하는가'라는 것을 전 직원이 이해하게 되면 조직력이 향상된다.

★ '크로스 커뮤니케이션'을 할 때에는 모든 사람이 꾸밈없이, 차별 없이 이야기를 나눌 수 있는 환경을 만드는 것이 중요하다.

★ 창업자에 대해 연구하는 것은 이념에 담긴 진정한 의미를 이해하기 위한 지름길이다.

★ '크로스 커뮤니케이션'의 목적은 답을 이끌어내는 것이 아니라, '맞아, 맞아'라는 공감을 유도하는 것이다.

★ 긍정적인 주제를 정해 부정적인 토론이 되지 않도록 주의한다.

맺음말

마지막까지 읽어주셔서 감사합니다.

저는 리더가

해야 할 가장 중요한 업무란 '조직과 팀이 나아가야 할 방향을 명확히 제시하는 것', 그리고 부하가 '나는 도움이 되는 사람이다', '다른 사람에게 인정받는 사람이다', '내가 있어야 할 곳은 이곳이다'라는 것을 실감하게끔 만들어주는 것이라고 생각합니다.

이 책에서 소개한 디즈니식 시스템은 그것을 위해 존재한다고 해도 과언이 아닙니다. 만일 당신이 리더의 업무를 제대로 수행한다면 당신이 이끄는 팀, 조직의 구성원은 디즈니랜드의 직원들처럼 스스로 행동하고 움직이며, 활기찬 직장 생활을 하게 되겠지요.

마지막으로 이 책에서 알려드린 다양한 시스템은 디즈니랜드라서 가능한 것이 아니라, 어떠한 조직, 팀에라도 적용이 가능하다는 것을 다시 한번 강조하고 싶습니다.

이 책의 내용이 도움이 된다면 이보다 더 행복할 수는 없을 것입니다.

오스미 리키

Original Japanese title:
MANGA DE YOKUWAKARU DISNEY NO SUGOI SHIKUMI
Text copyright ⓒ 2015 Riki Osumi
Illustration copyright ⓒ 2015 Keiichio Okamoto
Original Japanese edition published by Kanki Publishing Inc.
Korean translation rights arranged with Kanki Publishing Inc.
Through The English Agency (Japan) Ltd. and Danny Hong Agency
Korean translation copyright ⓒ 2017 by DOCENT

이 책의 한국어판 저작권은 대니홍 에이전시를 통한 저작권사와의 독점계약으로
도슨트에 있습니다.
저작권법에 의해 한국 내에서 보호를 받는 저작물이므로 무단전재와 복제를 금합니다.

초판 1쇄 발행 2017년 4월 30일
개정판 1쇄 발행 2021년 8월 31일

글·그림 오스미 리키
옮긴이 손나영

펴낸곳 도슨트
펴낸이 구난영

경영총괄 이충석
디자인 데시그
주소 경기도 파주시 산남로 183-25
전화 070-4797-9111
팩스 0504-198-7308
이메일 docent2016@naver.com

ISBN 979-11-88166-32-9 03320

＊파본은 구입하신 서점에서 교환해 드립니다.
＊책값은 뒤표지에 있습니다.
＊ '**경영아카이브**' 글꼴은 국립중앙도서관이 개발한 도서관체입니다.
＊ **경영아카이브**는 도슨트의 경제경영 브랜드입니다.